知识生产的原创基地
BASE FOR ORIGINAL CREATIVE CONTENT

颉腾商业
JIE TENG BUSINESS

木匠

用热爱、服务和关心提升工作价值

[美] 乔恩·戈登 (Jon Gordon) 著

于洪鉴 译

The Carpenter

A Story About the
Greatest Success Strategies of All

中国广播影视出版社

图书在版编目（CIP）数据

木匠：用热爱、服务和关心提升工作价值 /（美）乔恩·戈登 (Jon Gordon) 著；于洪鉴译. -- 北京：中国广播影视出版社, 2021.9

书名原文：The Carpenter: A Story About the Greatest Success Strategies of All

ISBN 978-7-5043-8661-8

Ⅰ.①木… Ⅱ.①乔…②于… Ⅲ.①成功心理－通俗读物 Ⅳ.① B848.4-49

中国版本图书馆 CIP 数据核字 (2021) 第 118112 号

Title:The Carpenter: A Story About the Greatest Success Strategies of All by Jon Gordon, ISBN:9780470888544
Copyright © 2014 by Jon Gordon. All rights reserved.
All Rights Reserved. This translation published under license. Authorized translation from the English language edition, published by John Wiley & Sons. No part of this book may be reproduced in any form without the written permission of the original copyrights holder.

北京市版权局著作权合同登记号　图字：01-2021-2564 号

木匠：用热爱、服务和关心提升工作价值

[美] 乔恩·戈登　著
于洪鉴　译

策　　划	颉腾文化
责任编辑	任逸超　王波
责任校对	龚　晨
出版发行	**中国广播影视出版社**
电　　话	010-86093580　010-86093583
社　　址	北京市西城区真武庙二条 9 号
邮　　编	100045
网　　址	www.crtp.com.cn
电子信箱	crtp8@sina.com
经　　销	全国各地新华书店
印　　刷	文畅阁印刷有限公司
开　　本	889 毫米 ×1194 毫米　1/32
字　　数	48（千）字
印　　张	6.25
版　　次	2021 年 9 月第 1 版　2021 年 9 月第 1 次印刷
书　　号	ISBN 978-7-5043-8661-8
定　　价	59.00 元

（版权所有　翻印必究·印装有误　负责调换）

序言 Foreword

在我与世界各地的管理者交谈时，我经常会问："你们中有多少人认为自己是领导者？如果你觉得是，请举手。"我总是惊讶地发现只有不到20%的人举手。为什么这些以领导他人为工作目标的管理者不认为自己是领导者？

答案是，包括经理人在内的大多数人认为，领导力是由他们所拥有的头衔和职位来定义的。那些不举手的管理者认为他们没有足够华丽的头衔或足够高的职位来自称领导者。

这些经理人可能缺乏一个像我父亲那样的父亲。我父亲是一位功勋卓著的海军上将，他给我上过的领导力课程简直是无价之宝。我永远都记得被选为七年级班长时的情形。我兴奋又自豪地回到家时，父亲对我说："恭喜你，肯。但现在既然你是班长了，就要记得永远不要滥用自己的权力。伟大的领导者之所以伟大，是因为人们信任和尊重他们，而不是因为他们拥有权力。"

这就是乔恩·戈登的新书《木匠》所传达的主旨。我鼓励你把书中的这位木匠当作你的导师。他会教导你,只要热爱、服务和关心别人,你就是领导者。

如果你是一个商人,把你的注意力从"赢"转移到用你的生意去爱别人、服务别人和培养别人。如果做到了这一点,你就会成功,你的生意会以你从未想象过的方式成功。

在本书中你还将学到,要获得真正的成功,你必须帮助别人。你人生的首要任务不是评判和评价别人,而是帮助他们在所做的事情上取得成功。换言之,成功意味着分享。

我很高兴你决定读这本书。《木匠》可以让你的生活变得更好。同时,你还可以改变你周围人的生活,而这些人又可以改变他们所接触的人的生活。也许,一次改变一个人,我们就能改变整个世界。

肯·布兰佳(Ken Blanchard)
《一分钟经理人》
《更高层面的领导》作者

Acknowledgments 致谢

我要感谢《史蒂夫·乔布斯传》一书的作者沃尔特·艾萨克森（Walter Isaacson），受到他的启发，木匠讲述了这样一个故事：他的父亲不愿意用廉价木材做橱柜的背板。史蒂夫·乔布斯的父亲在建自家围栏的时候也教过他同样的道理，我将这个故事改编后写进了这本书里。

感谢欧文·麦克马纳斯（Erwin McManus），他关于的"为了成功我们可以稍稍疯狂一下"的论述同样启发了我。

感谢《成功之路是由失败铺就的》一书的作者乔伊·格林（Joey Green），我在本书中引用了他分享的那些著名的失败案例。

感谢弗兰克·甘布扎（Frank Gambuzza）告诉我他的美发沙龙如此成功的秘密。

感谢我的出版商马特·霍尔特（Matt Holt），我的编辑香农·瓦戈（Shannon Vargo），以及威利出版公司的其他成员对本书的信任，并愿意向全世界介绍这本书。

感谢我的妻子凯瑟琳（Kathryn），她一如既往地阅读了我的手稿，并提出了很好的建议和修改意见。

感谢我的朋友丹·布里顿（Dan Britton）和乔舒亚·梅德卡尔夫（Joshua Medcalf），他们阅读了本书，并分享了自己的见解和建议，使之变得更好。

感谢我的团队，包括丹尼尔·德克尔（Daniel Decker）、布鲁克·特拉伯特（Brooke Trabert）和安妮·卡尔森（Anne Carlson），感谢你们的支持，感谢你们让我能够做我最擅长的事情。

感谢所有像艺术家一样对待生活和工作的工匠们。

感谢所有热爱、服务、关心并完成自己使命的人。

最重要的是，我感谢"上帝"——这位木匠，他在 2006 年拯救了我，永远改变了我的生活、心灵和灵魂。

Contents 目录

第一章	意外昏倒：生活的警告	001
第二章	在家中休息却闲不下来	007
第三章	拜访最忙的木匠	011
第四章	压力和失眠袭来	019
第五章	为家人忙碌	023
第六章	在创作杰作之前，你必须先设计它	027
第七章	木匠造东西，工匠创造艺术品	037
第八章	你会知道的：汗水、眼泪和岁月	041
第九章	积极乐观，每个人都喜欢木匠	045
第十章	相信：你必须有点儿疯劲才能尝试	051
第十一章	用自言自语来鼓励自己	057
第十二章	萨拉：坚强、积极	063
第十三章	混乱：驶向悬崖	069

第十四章	爱是最大的成功策略	073
第十五章	爱是一种承诺	081
第十六章	真正成功的不是金钱， 而是人、承诺、忠诚	087
第十七章	服务是第二大成功策略	093
第十八章	三明治：每天做一些小事来 表达你的爱和关心	103
第十九章	关心是第三大成功策略	107
第二十章	成功模式：热爱、服务、关心	115
第二十一章	价值：你重视他人， 你对世界的价值也会增加	119
第二十二章	成功之心模式：爱、服务和关心	123
第二十三章	弱点：事业没有篮球队反弹得快	127
第二十四章	成功需要时间，这是长期的策略	131
第二十五章	失败的礼物	135
第二十六章	世上没有完美的木头， 也没有完美的人	139
第二十七章	只有勇气能够创造出未来	143
第二十八章	一线希望：一笔新买卖	147

第二十九章　我们的使命：我爱你，我服务你，
　　　　　　我关心你，因为＿＿　　　　　153

第三十章　每次和一个人分享一切　　　　　159

第三十一章　进步：改善了客户服务　　　　165

第三十二章　万物皆有灵性　　　　　　　　169

第三十三章　创造不可能　　　　　　　　　173

第三十四章　构建核心商业模式　　　　　　179

第三十五章　成功需要分享　　　　　　　　183

第一章

意外昏倒

生活的警告

在医院醒来之前,迈克尔(Michael)记得的最后一件事是在市区街道上跑步,同时脑子里想着如何筹建自己的公司。而现在他躺在病床上,身上的电线连着仪器,妻子萨拉(Sarah)坐在他身边,还有一位护士俯身看着他。

"我怎么会在这里?"他脑袋晕晕地问道,"我被车撞了还是怎么了?"

"你跑步的时候昏过去了。"萨拉回答,她哭得浑身发抖。认识他这么多年,她记得他从来没有感冒过,更别说住院了。

"我是怎么晕倒的?怎么会呢?"他问。

"医生现在也想要弄清楚,他在看你的检查报告,结果应该很快就可以出来。"护士说。

"我希望没什么事。"迈克尔环顾了一下四周,然后看向萨拉。她试着露出微笑让迈克尔放心,但她做不到。她其实很害怕,生怕有什么坏消息。

迈克尔抬起手臂,感觉到头上有绷带,并且有什么地方肿了。"我是怎么到这里来的?"

"是救护车送你来的。你的头重重地撞到了地上。救护人员告诉我们,有一个人看到你摔倒后帮了你。他用衬衫给你的头止血,还拨打了911。是他救了你的命。"

"他是谁?"

"他们不知道他的名字。那个好心人只是给了他们一张卡片,现在就在桌子上。"

萨拉拿起卡片,交给迈克尔。这是一张简单的白色卡片,上面只印着"木匠"两个字和一串黑色粗体字的电话号码。

"这张卡片做得不怎么样呢。"迈克尔说。他逐渐清醒过来,幽默感也慢慢恢复了。

萨拉摇了摇头,紧张的情绪随即转为笑声。即使在医院里,他还在考虑着做生意。不过她还是充满了感激,至少她的丈夫恢复正常了。

就在谈笑间,医生走了进来,站在迈克尔的床旁边。"好消息是,你没有像我所担心的那样心脏病发作。"他握着迈克尔的手说道。

"心脏病!"迈克尔大叫,"我这么年轻怎么会得心脏病呢?"

医生反驳说:"这可不一定。实际上,你的身体在警告你最好放慢脚步,学会释放自己的压力,否则过不了多久,你就会真真切切体会到生病的痛苦了。你最近承受了很大的压力吗?"

迈克尔和萨拉面面相觑,"我们有一家自己的公司,"萨拉说,"我们在努力发展公司的业务,还有两个孩子,我们一直忙得团团转。"

"好吧,我建议你最好慢下来,"医生一边说,一边看着迈克尔,"没有什么生意或成功能够和你的健康以及生命相提并论。我想让你休息几个星期再回去工作,这对你的身心都有好处。你还有轻微脑震荡,没什么大不了的,但我们希望你的头部能痊愈。"

迈克尔看向萨拉。休息是他最无法做到的事情。

医生在离开房间之前,转过身又嘱咐:"你很幸运,这只是一个警告。很多人可没有你这么幸运。记住,生活给我们的警告一定事出有因。把这当作是教训吧,多去干点儿让你放松的事情。你的身体、你的孩子和子孙会感谢你的付出。"

第二章

在家中休息却闲不下来

第二天迈克尔试着遵循医生的建议,在家中翻翻书,看看电视。他不想告诉妻子萨拉实话——他宁愿死也不愿在家待着歇息。另外,一想到她得自己照顾生意,他就很难受。从公司运营的第一天起,他们就一起打拼,无论是孩子学校的琐事,还是要抽出时间参加孩子们的运动会和实践活动,他们都从未缺席过公司的工作。他知道萨拉比他更懂经营,她是他们所销售软件和服务的幕后推手。在迈克尔提早下班去女儿的青年篮球队当教练时,她会负责公司的业务。但迈克尔才是公司收入和业务增长的推动力,也是公司"社会连接"(Social Connect)在过去一年里呈指数级增长的原因。他和萨拉各自曾在不同的科技初创公司工作过几年,之后才一起创业。他们的未来和家庭取决于公司能否成功,这种感觉让他感到很恐惧,所所以迈克尔觉得自己必须成功。

但现在他最强烈的性格特征——内驱动、职业道德和激情正在影响他的健康,他不知道该怎么办。他感觉就像一个棒球投手被告知不能再投快球了。他想马上回去工作,但萨拉不同意。"要是你一意孤行,我们就离婚吧。"她告诉他,"你休息几周不会毁了我们的公司,但不休息会影响或损害你的健康。"

既然无法改变萨拉的想法,迈克尔只能留在家里走来走去,试图放松一下,却怎么也平静不下来。他一会儿停在家里的液晶电视前,一会儿坐在沙发上。他想起萨拉曾经想在家里弄一个娱乐中心,现在他也有点儿想法了。原来他想自己弄,但后来又觉得没必要。他父亲总是告诉他,他最好能挣大钱,因为房屋的修缮或者维护要是请人来弄的话得花不少钱。迈克尔很厉害的是:他娶了一个心灵手巧的女人,家里的任何问题她都能解决。她的父亲是个汽修技师,她的兄弟们是水暖工,每次家里有什么东西坏了,孩子们都去找妈妈而不是爸爸。不过,弄一个娱乐中心还是超出了她的能力范围。

迈克尔想起了曾救他一命的木匠和他那张名片。"我真的应该打个电话感谢他。"他想。但对一个救了你命的陌生人该说些啥?"嗨。你救了我的命。你能帮我弄一个家庭娱乐中心吗?"不过迈克尔还是在柜子上找到了卡片,他决定跟那个木匠说声谢谢,然后问他住在哪里,好送他谢礼。他拨通了电话号码,响了几声之后,迈克尔听到了救命恩人的声音:"嗨,我现在无法接听电话,因为我在主街111号装橱柜。我装橱柜的时候不能分心,但我在完成工作之后会回您的电话。请相信,我对您的业务也会同样关心和认真。如果您需要和我谈业务,请在中午午休时到主街111号来。"

迈克尔摇摇头。一个不在语音信箱里报上自己名字的木匠,也不接潜在客户的电话。"他怎么会有客户?"迈克尔很好奇。看来这家伙不仅需要一张新名片,还需要很多其他帮助才能更好开展自己的业务。

第三章

拜访最忙的木匠

几天后的一个早上,迈克尔帮着萨拉把孩子们送去上学后,在公园里慢悠悠地散步。这并不是他想做的事,而是萨拉逼他做的事。医生建议他做一些轻微的运动来保持血流通,并且告诉他可以做任何正常的活动,除了那些会给他带来压力的工作。散步结束,迈克尔回到家里从厨房随手拿起水杯,瞥到木匠的名片还放在柜台上。他看了一会儿,感到是时候当面道谢了。

迈克尔坐在车里,困在了拥堵的车流中。他心里想:"可不是每天都能见到救你一命的人。如果我不喜欢他怎么办?我知道他不怎么会推销自己。如果他是一个讨厌的人怎么办?"穿过交通堵塞的道路时,他考虑了很多可能的情况,最后决定不管这个人是什么样的人,他都应该得到真诚的感谢。毕竟,并不是每一天都会有人来拯救你的生命。

中午时分,迈克尔把车开到主街 111 号,这是一栋漂亮的大房子,刚建成不久,环形车道上挤满了皮卡车。走进前门时,他看到一群人正在粉刷墙壁和天花板,锤声和锯声十分刺耳。他走到厨房,注意到一个皮肤黝黑、棕发齐肩的男人。他穿着蓝色牛仔裤、棕色凉鞋和一件白色 T 恤,坐在桌子旁吃午饭。当这个人抬起头看到迈克尔时,他的眼睛亮了起来。他微笑着向他跑去,双臂抱住了他。"迈克尔,见到你真高兴。你比我上次见到你时的气色好多了!"然后他放声大笑起来,"我一直想知道你过得怎么样。见到你太惊喜了!"

"我很好。"迈克尔尴尬地说。他不是一个喜欢拥抱的人,也没有料到一个陌生人会如此热情地欢迎他。

木匠后退了几步,盯着迈克尔的额头,手指碰了碰伤口。"伤口愈合得很好,"他笑容满面地说,"看到你这样子我很欣慰。"

"是啊,我也是。"迈克尔紧张地说,"我想谢谢你那天救了我。"

"哦,没什么。你碰上了也会像我一样做的。"木匠说着走回餐桌,并示意迈克尔和他一起坐下。

"究竟发生了什么?"迈克尔问。

"嗯,那天真的很早,太阳才刚刚冒出头。我正在去上班的路上,这是我的必经之路,接着我就看到你在跑步,然后——砰!你像中枪一样倒下。你的头重重地撞到地上,开始不停流血。我脱下衬衫,将它压在你的额头上止血,然后打电话求助。你当时已经意识不清了,但当我问你的名字时,你含糊不清地说了出来。警察来的时候我告诉了他们。我想你如果出去跑步一直不回家,肯定会有人担心你的。"

"哇,我真不敢相信你帮了我这么多!非常感谢!医院里的人告诉我你是真正的英雄。你给我留下了你的名片。"迈克尔说着把手伸进口袋里,然后把那张名片举了起来。

"确实是我留的。"木匠回答道。

"但是这上面没有你的名字,我还不知道您的大名呢。"

"哦,不好意思。我通常会把我的名字手写在卡片上,让它更有个性。但他们急着送你去医院,我忘了。抱歉我没有正式介绍我自己。我的名字是J.伊曼纽尔(J. Emmanuel)。"他微笑着伸出手去和迈克尔握手,"J.实际上是我的名字,伊曼纽尔是我的中间名。但是大家都叫我J.。"

"那这个J是Jason(贾森)的意思还是J-A-Y(杰伊)的意思呢?"迈克尔问道。

"没有,只有J和句点。我父母认为我是独一无二的。"

"好吧,J.,"迈克尔握着他的手微笑着说,"能知道救命恩人的名字,真是太好了。"

木匠笑着离开桌子,走到他正在打造的橱柜前。"我很高兴能帮上忙。你知道,当我不在城里四处走动拯救人们的生命时,我就建造这样的东西。"他微笑着说,并骄傲地炫耀着他的木工制品。

迈克尔可能做不了木匠,但他一眼就能看出这些木工活儿手艺很好,这是他见过的最精致的橱柜。这个家伙需要市场营销方面的帮助,但他的木工活儿肯定不需要帮助。"它们看起来太美了。"迈克尔说,"你们也帮着建家庭娱乐中心吗?"

木匠说:"我什么都能造,几乎可以做任何东西。"

"太好了,因为碰巧医生和我的妻子让我休几个星期的假,放松一下恢复身体,我需要有人帮我在家里建一个娱乐中心。我想报答你救了我一命。"迈克尔说,他想可以通过请木匠做这个工作来报答他。

"你想把这个业务给我做,我很荣幸,但请记住,你不必老想着报答我。"木匠说着,把手放在胸口上,"我不求回报,也不需要回报。这是一种美好的生活和工作方式。如果你想让我为你家打造娱乐中心,我很乐意,但请你选择我是因为我的工作,而不是因为你觉得有义务。不要因为义务做任何事。带着感恩的心和爱做每一件事,这样你会更有力量。"

迈克尔想着木匠的话,点点头。这家伙显然不只是表面上看起来那么简单。他从未遇到过这样的人。大多数人都会接受这份工作,但他却选择拒绝。他希望自己被雇用是因为他的工作质量高。J.绝对是一个与众不同的人,他看起来很有原则;毕竟,每个人都有自己的一套处世原则。另外，他的木匠手艺真的很好。迈克尔决定雇用他，不管 J. 是否救了他的命。迈克尔向来自诩为一个很棒的倾听者和推销员，他站起来说道："好吧，那我这么说怎么样，'我很感激你救了我的命，因为你的手艺好，我希望你在我家帮我打造一个娱乐中心'？"

"很好。"木匠笑着走过去拍拍迈克尔的后背。J. 知道他们还没有完全达成共识，但很快就会了。他看得出来，迈克尔是一个积极学习者，这意味着他们可以建造的不仅仅是一个娱乐中心。

"你什么时候可以开工呢？"迈克尔问道。

"这些柜子我快造好了，虽然近几个月我的订单已经满了，但我会为你腾出时间，重新安排一下。我们后天开始怎么样？"

"挺好，这是我的地址。"迈克尔一边说，一边把信息写在一张自己名片的背面，并把它递给了 J.，"非常感谢你能为我腾出空儿来。我不知道你这么忙。"

"哦，我很忙。事实上，他们还说我是城里最忙的木匠。"

"真的吗?"迈克尔吃惊地问道,"为什么呢?"

"因为我有做生意的原则,我知道最伟大的成功策略。"木匠说。

迈克尔听了十分好奇。J.谈的肯定不是他的个人名片或营销能力。"是什么?"他问道。

"两天后见面时我就告诉你。"这位木匠说着,与迈克尔拥抱道别,并向那些排队等候与他交谈的人挥手示意。当迈克尔走出厨房,经过一群等待雇用J.的人时,他开始相信这位木匠可能比他想象的要聪明得多。

第四章
压力和失眠袭来

迈克尔半夜醒来，看了看钟：凌晨3点33分。他想要回去继续睡，但睡不着。他又做噩梦了，梦里他不知什么原因在跟一群看不到脸的人搏斗。他大声呼救，但没人能听见。他试图躲避袭击者，而一切都像是慢动作。他们向他逼近，准备攻击他，突然他醒来了，浑身是汗，心跳加速，头上的血管怦怦直跳。在过去的几个月里，他一直失眠，这种压力最终导致他在跑步时昏倒。他在休养的这几天里，读了一本关于压力和睡眠的书，书中描述了他现在陷入的这种恶性循环——压力影响一个人的睡眠能力，然后睡眠不足又会造成更多的压力。

萨拉和他的朋友不停地告诉他，他需要放松，但他在创业，他的家人和公司都依赖他，他怎么能放松呢？他一直从事销售工作，现在整个公司都指望他来掌舵，他又怎么能放松呢？他做的每一个决定都很重要，对员工、客户和家庭都有影响。以前从事销售工作时，他要做的就是多卖东西，然后领一大笔薪水。现在他成了发薪水的人。多年来，他已经掌握了销售的艺术，但没有人教他如何领导别人，也没有什么能让他为公司正在经历的成功和挑战做好准备。他不愿告诉任何人，但他感到自己没有任何准备和信心，害怕让妻子、家人和公司失望。他整个职业生涯所追求的一切都在这里，他不能失败。承受着这样的压力怎么能让人放松呢？迈克尔放弃了回去睡觉的想法，走过门厅来到家中的办公室。他打开电脑查看公司最近几天的销售数据。萨拉不准他看，但为了让自己安心，他需要知道。如果被她发现了，他会跟她说实话：不看数字比看数字给他带来的压力更大。

尽管他不在公司，但看到销售稳定，一些新业务仍在进行，他松了一口气，同时却又担心这种趋势不会持续多久。"我得回去工作了。"他想，"在家里闲着比工作更折磨我。"他给助手的语音信箱留了言，让她到办公室后给他打电话，告诉他最新情况。然后，走到房子的另一边去看他的孩子们,他们在房间里熟睡着。"暴风雨前的宁静。"他想。

第五章

为家人忙碌

那天早上萨拉和孩子们走进厨房时,迈克尔已经在等他们吃早饭了。他想给他们做鸡蛋,但冰箱里没鸡蛋了。他们通常没有太多时间去购物,所以很多东西都用完了。每天都是争分夺秒地送孩子们上学、上班、开会、参加课外活动、吃饭、睡觉,然后起床再把这些做一遍。购物对他们来说是一种奢侈的行为。

"爸爸,你今天会来教我们打篮球吗?"在他们像往常一样一起在餐桌前度过10分钟的家庭时光时,他的9岁女儿问道。迈克尔看着萨拉说:"我不知道。去问妈妈。"

萨拉说:"不,打篮球会让爸爸太紧张,不停地喊叫,这对他的健康不好。"

"你不觉得我现在这样才有压力吗?"迈克尔提高了声音大声说,结果7岁的儿子吓得把麦片粥弄洒了。"如果我能做家务,我就能去教篮球,都是同样的事情!"

"但是你在家里不会像在篮球场上那样大喊大叫。"他的儿子天真地说,萨拉和迈克尔不由大笑起来。

萨拉说:"爸爸几周后可以去当篮球教练,但现在他还不能参加训练。"迈克尔不禁叹了口气。

"该去搭公共汽车了。"迈克尔说,一家人迅速从桌旁站起来,各自去拿东西。当然,他的儿子又得花上好几分钟找鞋子,等他找到鞋子,鞋带肯定又绑得太紧,以致他穿不上。它们是双结的,迈克尔在帮儿子穿上鞋子之前,必须解开这些结。他们刚解决完鞋子的难题,就赶紧跑到公交车站,差点儿没赶上公交车,结果听到女儿冲窗外大喊忘了读书报告。于是迈克尔又得帮她把报告送到学校。

当他和萨拉走进家门时,他看着她说:"这比工作压力更大。"

"很快,很快。你会回来的。"她说,然后与他吻别,抓起她的包,冲出门去开车。她得去参加一个重要会议，路上肯定会很堵，必须赶紧出发。

迈克尔走进客厅，看着木匠明天要搭建一个娱乐中心的那面墙，想知道他的成功策略是否包括减轻压力，因为他需要重返工作岗位，这样才有可能取得成功。

第六章
在创作杰作之前,你必须先设计它

第二天早上,萨拉和孩子们走后不久,门铃响了。迈克尔打开门,看见木匠站在那里,面带微笑,穿着同样的蓝色牛仔裤、凉鞋和白色 T 恤。

他给了迈克尔一个大大的拥抱。迈克尔不禁想,如果他想建成这个娱乐中心,就得习惯每天被这个木匠拥抱。"感觉怎么样?"木匠问道。

"挺棒,"迈克尔回答,"谢谢你的关心。你的工具和东西呢?"

"哦,我不需要。我今天什么也不建。在创作一件作品之前,你必须先做好设计。生活也是这样。太多的人过着盲目的生活,但当你按照自己的设计生活,知道自己想要创造的生活是什么样时,你就能创造出一件杰作,而不是一件垃圾。"

迈克尔不禁想起了自己的生活。我的生活是盲目的还是有计划的？我在创作杰作吗？或者，是我自己把自己弄得筋疲力尽的吗？

"告诉我你大概想要一个什么样的娱乐中心。"木匠问，他们走进房子，走向客厅。

迈克尔从桌上拿起一本家居设计杂志，给 J. 看萨拉指定的那一页。"我妻子非常喜欢这个样子。你能造这样的东西吗？"

"当然，我能造任何东西。现在我看到了，我可以设计出来。你有纸和铅笔吗？"

迈克尔把手伸进装满孩子们的铅笔、马克笔和橡皮的"万能抽屉"，拿出一张纸和一支铅笔，递给木匠。木匠立刻开始疯狂地画画。几分钟后，他举起那张纸让迈克尔看。"这个看起来怎么样？"

"就是这个样子的！你居然这么快就画好了。"

"这是我的天赋。我看到了什么画面，就能把它创造出来。"

"萨拉肯定会喜欢的！"迈克尔喊道。

"好极了。既然我们已经知道你想要的杰作是什么样子，我们就可以开始创作了。现在我得问你家具之外的一个非常重要的问题:你生命中的杰作是什么样子的?"

迈克尔琢磨着这个问题,不知道该说什么好,只好摇摇头。他知道他们会聊到娱乐中心之外的事情,但他没想到会谈到自己的个人生活。"你知道当你提到创作你的杰作时,我在想我是不是在创作杰作。事实是,我以为我知道它是什么样子,我在创造一个杰作,那就是我们的公司,但是我却崩溃了,还被送去了医院。现在我意识到了,没有健康,我无法创作我的杰作。我现在对自己的杰作是什么好像没那么确定了。"

"没关系。用正确的问题和更好的策略可以让你变得更加清晰。"木匠一边说,一边举起双臂向空中伸展,"人们经常问我,就像你前几天问的那样,为什么我如此忙碌和成功,我相信这是因为我曾问自己,我的事业如果成功了应该是什么样子的。我问自己,当我的生活和事业蒸蒸日上时是什么样子,当我生命结束的时候又会是什么样子。我从目的出发,倒着向前走。我对自己的生活有着非常笃定的憧憬，并努力使每天都有结果。"

"这一点我也很明白。我们在创办公司时也是这么做的。"迈克尔说，"我在书中读到过，每一位伟大的领导者都做着同样的事情。他们看到的不是世界的本来面目，而是世界可以变成的样子。然后，在他们开始一项计划、一个项目、产品发布、季度新品设计或广告宣传活动之前，他们会问自己，一切完成后，世界会是什么样子。一旦对未来有了憧憬，知道世界可以变成什么样子，你就可以开始设计、创造和发布了。在读了所有成功人士和组织的传记后，我们设想了如何让我们的公司可以改变世界。"

"很好！"木匠大声说道，"现在你在生活中也必须这么做。你必须问自己这些问题：当你处于最健康、最强壮和最好的状态时是什么样子？当你在工作中追求成功时，你的家庭情况是什么样的？你是在忽视你最爱的人还是在为他们腾出更多的时间？什么最重要？你每天的工作重点是什么？你在做什么来实现和分享你的目标？当你回顾你的生活时，你想对它说些什么？你想要什么感觉？你想要完成什么？你会留下什么遗产？多年以后人们会讲关于你的故事，你必须问问自己你想要什么样的故事。像这样强有力的问题可以帮助你设计和创造美好的生活。"

"你在你的生活中问过这些问题吗？"迈克尔问，他想知道木匠如何有了这些深刻的想法。

"是的。这些问题让我的生活有了巨大改变。它们帮助我创造了美好的生活和非常成功的事业。我的孩子已经长大了，也有了自己的孩子。虽然我的设计不包括失去我亲爱的妻子，但大多数时候，完美的设计必须让位于造物主的总体规划。但我们在一起的时光是我一生中最快乐的时刻，正是因为设计我自己杰作的追求和其他成功策略才使之成为可能。所以最后，当我回顾我的生活时，面对自己所完成的一切我会微笑，而不是为没有做过的事后悔。"

"很遗憾你失去了妻子，"迈克尔说。他仔细端详木匠的脸，他脸上有着一种不惧岁月磨砺的积极乐观，但岁月又增长了他的智慧。"你不仅仅是个木匠，是吧？"他问道。

"对。这些年来，我造的不仅仅是家具和柜子。

我帮助人们建立他们的生活、事业和团队。我起初并没有这样的计划，但这一切就这么发生了。这就是我生活的目标，我接受了它。毕竟，物质终究会消失。不管我们搭建一个多么漂亮的娱乐中心，它都不会永远存在，它甚至可能不会陪我们一辈子。但是我培养的领导者和人、我倾注心力帮助的人、我培育的关系，以及我分享的成功策略，这些都是永恒的。我很高兴能和你们一起搭建这个娱乐中心，但我更高兴能帮助你们建立自己的生活。"

迈克尔揉了揉脸，木匠的话让他想起了自己面临的所有挑战。"你的领导策略能帮助我成为更好的领导者吗？"他问道。

"当然！我的策略渗透到生活的方方面面。它们帮助领导者领导、销售人员销售，帮助教练做训练，帮助家长做家长，帮助老师教学。它们是终极成功策略，帮助人们建立任何他们想建立的东西，无论是一个家庭、一个团队、一个企业、一所学校、一份事业，还是一个组织。我的成功策略非常强大，其中的三个策略又是最成功的。"

"但你要做的并不仅仅只是听我说,你得能够把这些策略付诸行动。你需要让它们成为一种习惯,成为你以及你生活和工作的一部分。应用这些策略的时候,你会看到它们是多么简单却又多么强大,并且能使一切发生改变。这些策略不是来自我,而是来自我的父亲,我目睹了它们在我和他人生活中的力量。大多数人实践不了这些策略是因为他们不相信它会这么简单。他们认为,一个战略必须既庞大又复杂,但事实上,成功的战略是极其简单的。简单就是强大。记住,简单并不意味着容易,你必须采取行动。"

木匠咳嗽了一下,然后清了清嗓子,因为他的嗓子有点儿嘶哑了。他接着说:"迈克尔,那天我们的生活发生交集是有原因的。我不是为了救你的命,我是来帮你创造的。我们来塑造一个更好的你,你去打造一个更好的公司,而且要经得起时间的考验。你准备好继续学习这些成功策略并且开始设计你的杰作了吗?"

"是的,我准备好了,但我得提醒你,要转变我并且把我的生活变成一部杰作可得费不少时间。你知道，我前两天跑步的时候就体力不支了。"

"没关系。我最擅长的工作就是把坏掉的东西修好。我准备迎接这个挑战。我们去拿修娱乐中心需要的木材和材料，我会在路上跟你分享更多心得，怎么样？"

第七章

木匠造东西，工匠创造艺术品

"一旦你开始设计自己的杰作,就必须在你的生活和工作中成为一个工匠,"在开车上高速去商店买材料的时候说,"所有的成功都始于成为一名工匠。"

"但是你的名片上写着'木匠',"迈克尔好奇地问道,"为什么不写上'工匠'呢?"

"因为每个人都知道木匠是干什么的。把'工匠'两个字放在名片上会吓跑一些人。人们对'木匠'这个词感觉很舒服,所以我这样做是出于营销目的。"听到他这么说,迈克尔笑了。他很兴奋向木匠学习成功策略,但不相信木匠居然也擅长营销。

木匠接着说:"我的工作虽然是木匠,但我其实是一个工匠。"

"有什么区别?"迈克尔问道。

"木匠造东西,工匠创造艺术品。虽然大多数人在工作时都只抱着想尽快完成的心态,但工匠们更关心的是他们将成为什么样的人,他们在创造什么,而不是他们完成工作的速度有多快。毕竟,完成一件不是艺术品的东西是没有意义的。"

"作为一个工匠,我知道我建造的东西不会永远存在,但我工作和创造这些东西的时候非常专注,就好像它们会永存。我把我的心和灵魂倾注到我所建造的物件中,知道我所创造的一切都是自我的反映。当我创作艺术的时候,我感到精力充沛,我也给所有体验过我作品的人注入了活力。每一次创造,我都发挥出了自己所有的天赋。"

迈克尔在红灯前停了下来,转向木匠。"你说'全心全意',让我想起了你语音信箱的问候语。我很惊讶你不接别人的电话,因为,你说你把心和灵魂投入目前的工作中,你对其他打电话给你的人也会同样重视。"

木匠笑了。"是的,我这么做只是为了更好地推销自己,但这不是夸大其词,是事实,我是出于必要才这么说的。没有人可以帮我接听电话,所以我不得不在正在做的事情和未来的业务中间做出选择,我觉得这也是我创造的艺术。我知道我作为一个工匠必须将所做的工作放在第一位,不能让别的事情妨碍我。所以,我在语音信箱里告诉人们真相。我不接电话,是因为我专注于工作,全身心投入其中。如果我花了工作时间给别人打电话,就没有精力去创造伟大的艺术。所以,人们在我午餐的时间来找我,我们聊天,然后一切都能安排好。如果我在一个人们不便拜访的地方工作,我会告诉他们,等我工作结束后,他们可以到我最喜欢的墨西哥煎饼店找我。我不会向别人推荐这个策略,但它对我很有效。我手里有干不完的活儿,这就表明人们对我的工作比对我回电话的速度更感兴趣。"

"世界上到处都是能以最快的速度和最便宜的价格完成工作的人,但我们需要的是更多的艺术家和工匠。当你在一个木匠的世界里成为一名工匠时,你会脱颖而出,人们会争相希望你为他们工作。"

第八章

你会知道的

汗水、眼泪和岁月

"你什么时候第一次意识到木匠和工匠的区别?"迈克尔问。

一滴眼泪顺着他的面颊流下来,木匠停顿了一会儿。"我十几岁的时候第一次看父亲做柜子。他用的是最好最贵的木材。我们没有多少钱,所以我问他为什么不用更便宜的木头做橱柜的背面,谁也看不见。我父亲摇摇头。我问他为什么,反正没有人会知道。我父亲回答说:'我会知道,你会知道,大家都会知道。'"

"从那时起,我才知道成为一名工匠意味着什么。那时候我知道我会成为一名工匠,尽管成本更高,使用的木材更贵;这么做需要更多的精力、专注和努力;这个过程充满了更多的汗水和失败;掌握手艺需要更多的时间和艰辛,但这是唯一的办法。我父亲告诉我,当我爱上这个过程时，我会爱上这个过程所创造的一切。"

"这并不容易。"迈克尔说，他知道自己在成立公司之前做销售的过程中付出的汗水、艰辛和时间。

"是的，这一切都不容易，"木匠继续说，迈克尔从没见过他这么神采奕奕，"每个人都可以成为工匠，但不是每个人都愿意成为工匠。我发现每个人都想成为伟大的人，但很少有人愿意做伟大的人做过的事情。太多的人梦想着五分钟就成名，他们不想花上几千个小时来打磨自己的手艺。"

"当我遇到年轻的木匠时，他们会问我，为什么我会如此受欢迎。他们认为我是一夜成名。但我告诉他们，没有一夜之间的成功。成功之路是成为工匠之路，你需要真的努力工作很多年。你每天都工作。你相信自己是一个工匠，致力于你的手艺，渴望每天变得更好。在追求卓越的过程中，你全身心地投入工作中。你渴望创造完美，知道虽然永远不会真正实现，但你希望能接近完美。你尝试新事物，即使失败了，也会进步和成长。你面临着无数的挑战和无数的拒绝,这些都让你怀疑自己,让你想放弃。但你没有。你带着韧性、决心、希望和信心继续努力工作,保持积极的心态,并坚持不懈。最终你成功了!每个人都想和你一起工作。全世界都在说,你怎么突然就获得成功了?但你说:'我一直都在努力,只是每一天比昨天变得更好。'对世界来说,你是一夜之间获得了成功。但对你来说,这是一个渐进的过程。你是一个工匠,不管你过去做了什么,都只是想把你的下一件艺术品变成最好的作品。"然后他停下来,露出笑容。"这意味着你的娱乐中心将是我一生中最棒的作品。"木匠微笑着说。这时迈克尔把车停到了一家家装店外。

第九章

积极乐观，每个人都喜欢木匠

店里的人好像都认识那个木匠。他们在店里转时,人们要么挥挥手,要么停下来向他打招呼。

"你好吗,J.?"

"最近怎么样,J.?"

"生意怎么样,J.?"

"你最近在忙什么,J.?"

木匠挥手向每个人问好,停下来和那些想与他聊天的人交谈。迈克尔觉得自己像是和这家店的店长在一起。似乎每个人都爱J.,他也爱每个人。

当他们开车回家时,迈克尔问:"你怎么认识这些人的?"

"哦,他们要么是客户,要么是和我一起做过各种工作的人。当你像我一样工作了很长时间,做的工作也和我一样多时,你会遇到很多人。"

"可是虽然遇到很多人,能让他们真的喜欢你,想和你在一起,又是另一回事了。"迈克尔说,"显然,你在业内享有很高的声誉。我能看出作为一个工匠你吸引了很多人。"

"嗯,能够吸引人们到我身边并不仅仅因为我是一个工匠,"木匠说,"虽然我在自己的行业中受到尊重,也能从那些只是干活儿而不是创造艺术的人中间脱颖而出,但这些还不够,还需要对生活和工作有正确的态度和方法。当你看到善、寻找善、期待善,你就会发现善,善就会找到你。"

"你是怎么做到的呢?"迈克尔问道,他觉得自己最近没有交到什么值得交的朋友。

"我也不知道它是怎么发生的,"木匠说,"我只知道你是怎么想的,就会变成什么样子。你对世界的看法决定了你看到的世界,也决定了世界对你的看法。你的态度会让困境变成转机。积极的态度不仅能吸引人,而且能让你克服成功路上面临的所有障碍。"

"我觉得我最近遇到了接连不断的挑战。"迈克尔说,他们把车停在车道上,把木头、工具和材料运进了房子。

"是的，你确实遇到了困难，但你并不孤单。任何试图创造伟大业绩的人都会面临挑战。这是创造过程的一部分。没有奋斗就没有回报；没有障碍就没有成长；没有挫折就没有胜利。如果不经历失败，就不会有最终的胜利和成就感。作为生活和团队的建设者，你应该知道你总会遇到挑战、逆境、拒绝，但要怀抱希望，相信你会战胜它们。"

"我从来没有这么想过，"迈克尔说，"我想可能是我从前没有遇到过这样的情况。我以前觉得自己势不可当，没有人比我更乐观，所以我才想和萨拉开公司做生意。你想，有多少人认为可以白手起家，打造出一个家庭品牌？但现在我觉得我要永远被困在这间房子里了。我觉得我让我的妻子、家人和公司失望了。我要输了。"

"我可不这么看，"木匠说，"我看见的是你在休整和学习。我看到你越来越强大了。我看到你在为迎接更大的挑战做准备，这样你就能把你的生活和事业提升到一个更高的水平。永远记住，最艰苦的战斗往往意味着我们将迎来最辉煌的胜利。我看到了你们未来的伟大胜利。"

"我希望我能看到你的所见。"迈克尔十分感激木匠对他的鼓励。

"你可以！你可以选择这么去看。你可以选择相信它。人生和成功取决于你选择相信什么。当一切顺利的时候，你很容易相信事情会变得更好，但是当你面对看似无法克服的挑战时，才是对你信念的真正考验。已故的伟大的南非前总统纳尔逊·曼德拉（Nelson Mandela）说得很好：

我基本上是个乐观主义者，
我不能说是天生的还是后天培养的。
乐观就是保持头脑清醒，
向着太阳，一个人的脚步永远向前。
有许多黑暗的时刻，
我对人性的信仰经受了严峻的考验，但是
我不会也不能放弃自己，
因为这样就意味着失败和死亡。

这位伟大的木匠最后说。

第十章

相信

你必须有点儿疯劲才能尝试

当他们把家具清理出客厅,准备开始工作时,木匠继续对迈克尔说:"我们从故事中可以学到很多的东西,我给你讲一个与世隔绝的古老部落的故事。这个部落的人每天要跑40英里(1英里=1.6093千米),向其他部落传递信息。随着年龄的增长,那些年长者居然可以比年轻的部落男子跑得更快、更久、更远。当研究人员发现这个部落时,他们很惊讶。这怎么可能?这违背了现代社会的常识。在与这些人相处的过程中,研究人员发现了其中的秘密。它与基因、血型或过人的身体素质无关,而与信念有关。这个部落与世界其他地方隔绝,他们所知道的只是他们所看到的。他们看到的是,随着年龄的增长,人们跑得越来越久、越来越快、越来越远,所以他们相信这是真的。他们相信自己一天能跑40英里,所以他们做到了。"

然后木匠把木头放在地板上,转向正聚精会神地听他讲话的迈克尔,说:"当你相信的时候,不可能会变成可能。你所相信的会变成现实。你今天的乐观态度将决定你明天的成功水平。不要只看到面临的挑战,而是要抬起头看未来。别把注意力放在你的环境上,专注于能帮助你取得成功的正确信念。"

然后木匠走到迈克尔跟前,递给他工具袋,说:"有了这些工具,你就有能力创造,不是吗?"

"我知道。"

"好吧,现在我想让你把正确的信念看作是能够创造成功的工具和力量。如果你每天早上醒来后一整天都跟自己说这样的话,你将创造一个不可思议的生活,并且获得巨大的成功:

我期待今天会发生最幸运的事。
我接受生活中所有的爱、快乐、富足和成功。
我接受所有想和我一起工作并从我的礼物和爱中获益的人。

每天我都在变得更强壮、更健康、更好。"

"现在跟我重复一遍。"他说，拉着迈克尔和他一起背诵。

重复了几次之后，迈克尔停下来笑了。"我得告诉你，我觉得这么大声念诵很傻。我觉得好像正在参加以前公司派我们销售团队参加的那种励志演讲。我总是觉得说这样的话有点儿疯狂。"

"那就别大声说出来，"木匠说，"把它们写下来，或者默默地对自己说。如果你没有疯狂到去宣告你想要达到和得到什么，你就没有疯狂到能够取得成功。我不知道你是否意识到这一点，你必须有点儿疯劲儿才能获得巨大的成功。纵观历史，每一个天才和伟大的想法都被那些太'正常'而无法看到和理解'疯狂'愿景的人视为疯狂。狭隘的头脑不能理解伟大的梦想。"

迈克尔说："当我们开始创办公司时，很多人都说我疯了。"

"当然了。你在试图做那些还没有做成的事。你必须有点儿疯才能尝试，因为失败的可能性很大。现在你必须对未来的想法和信念保持疯狂。不要变得正常,而是要保持疯狂。从现在开始,我要鼓励你自言自语,而不是听自己说。这是通向成功的强大工具。"

第十一章
用自言自语来鼓励自己

木匠继续说:"我曾经遇到一个人,詹姆斯·吉尔斯博士(Dr. James Gills),他完成了六次全程铁人三项比赛。这意味着他游了2.4英里,骑了112英里的自行车,跑了26.2英里。24小时后,他又做了一次。他是地球上唯一能重复六次的人。当我问他是怎么做到的时,他停顿了一会儿说:'我学会了自言自语,而不是听自己说话。如果我听从自己的话,我会听到所有负面的想法、所有的抱怨、所有的恐惧、所有的怀疑,以及所有我不能完成比赛的原因。但如果我自言自语,我就可以用完成比赛所需要的语言和鼓励来充实自己。'他告诉我他的自我激励会让他继续前进,并推动他朝着终点线前进。"

"你呢?你是在自言自语还是在听从自己?"木匠问。

"我最近肯定一直在听自己说。"

"如果你想用这种心态完成铁人三项,你觉得你现在会怎么做?"

"我早就放弃了。"

"那么从现在开始你需要做什么呢?"

"我需要自言自语,用言语和鼓励来充实自己,让自己不断前进。"

"没错,"木匠知道他们今天的工作已经完成了,"消极的想法是钉子,建立了一个失败的牢笼。积极的想法会让你完成一部杰作。我们已经为伟大的事业做好了准备。你的头脑已经为成功做好了准备,房间也为我们明天开始打造杰作做好了准备。"

当迈克尔打开门往外看时,他意识到木匠没有车。"需要我送你回家吗?"他问道。

"不,我喜欢走路。这让我有时间思考、想象和创造美好的事物。"他说,然后露出灿烂的笑容,拥抱迈克尔。在他离开之前,他从口袋里掏出一张卡片递给迈克尔。"来,拿着这个。这是一个积极的承诺,当挑战来临时,或是你感觉不是很积极的时候,你就可以说这上面的话。"迈克尔看着卡片，上面写着：

我发誓在消极面前保持积极。
当我被悲观包围时，我会选择乐观。
当我感到恐惧时，我会选择信仰。
当我想恨的时候，我会选择爱。
当我想变得痛苦时，我会选择变得更好。
当我遇到挑战时，我会寻找学习和成长的机会。
当面对逆境时，我会找到力量。
当我经历挫折时，我会有韧性。
当我遇到失败时，我会从失败中吸取教训，朝着未来的成功前进。
带着憧憬、希望和信念，我永远不会放弃，永远朝着自己的命运前进。
我相信我最好的日子就在前方，而不是身后。
我相信我来这里是有原因的，我的目标比我的挑战更重要。
我相信积极不仅让我变得更好，也让我身边的每个人都变得更好。

所以今天和每一天我都会积极努力，为世界带来积极的影响。

迈克尔关上门，走进客厅，看着所有的木头和材料。整个房间看起来一团糟，就像是他的生活。但自从他出事以来，他第一次有了一线希望和信念，感觉一切都会好起来的。

然而，那天晚上，他需要更大声地读卡片上的积极承诺，并且花更多的时间与自己交谈，因为他马上就要听到一些坏消息了。

第十二章

萨拉

坚强、积极

当人们称他们为强势夫妻时,迈克尔知道这主要是因为萨拉。她是他所认识的最坚强、最积极的女人,是维系他们家庭的黏合剂。他们几年前在一次销售拜访中相遇,对他来说,那是一见钟情,但她花了几年的时间才接受他。当她终于放下心防,向他敞开心扉时,迈克尔作为一个优秀的推销员,向她提出成家的邀约,结果证明这是他一生中最好的一次推销。多年来,萨拉的力量和决心从未动摇,因为他们一起盖了房子、结了婚、成了家,现在又一起做生意。这是她第一次显得有些害怕。盖自家住的房子并没有吓倒她,两次自然分娩并没有吓倒她,即使把他们所有的一切都投入他们的新生意中,也没有吓倒她。但从迈克尔住院以来,她就很害怕失去他。那天晚上下班进门时,她的表情看上去像是有人出事了。

她不想告诉他发生了什么。事实上,她真的不想表现出来,但又无法掩饰内心的绝望。迈克尔让她跟自己说实话,她说公司失去了最大的客户,合同将再持续两个月,然后就不续了。

"我就知道我不该在家里歇着。"迈克尔大声嚷道。

"不是因为你请假,"她试图让他平静下来,"是因为我们的服务。我们没有很好地为客户服务。我们发展得太快了,服务没跟上。你知道我们对这件事讨论了好久。我们担心会发生这种情况,但现在真的发生了。"

"我明天要回办公室。"他说。

"不,不行!"孩子们正在做作业,现在他们走出房间,看她为什么大声嚷嚷。

"出什么事了?"女儿问他们,儿子也开始哭了起来。

"我得去想一想。"迈克尔一边说,一边走向办公室,他关上门,然后躺倒在地上,脑海中浮现出的第一个画面是公司办公室门上的一个倒闭的标志和他们门前草坪上一个卖房子的标牌。这是他们最大的客户。没有他们，公司怎么能生存？他找不到答案。他有生以来第一次找不到解决办法。多年来他第一次哭了起来。他知道他没有足够的力量独自撑过来，他需要找到另一种力量来克服这个问题。"我现在该怎么办？"他抬头望着天花板大声喊道，"帮帮我。请给我力量！"

在那一刻，他有了一种平静的感觉，各种想法开始涌上心头。他充满了这样的信念：每件事的发生都是有原因的，好事也会由此而来。他开始自言自语，想起哥哥乔治（George）常对他说的鼓励的话。乔治遇到了一位改变了他一生的公共汽车司机，从那以后，他偶尔给迈克尔打个电话，和他谈谈，分享一些积极的信息。迈克尔看了看桌上木匠送给他的那个积极承诺，然后振作起来。大约10分钟后，他走到外面，萨拉正坐在桌边。他说："和我们公司的目标比，这个挑战不算什么。这件事的发生是有原因的。它会让我们在未来变得更好更强。我们已经依赖这个大客户太久了，这件事就意味着我们必须找到更多的客户来分散我们的业务和风险。明天我回办公室时我们就开始。"听到这些话,莎拉感到很震惊。

"除了你明天回来这件事,其他的我都同意,"莎拉说得很坚决,迈克尔知道很难和她争辩,"我宁愿失去生意也不愿失去你。你可以一周后回来。再休息一周,好好休整,然后你就可以回来了。离合同结束还有两个月。我可以立即改善客户服务,与我们的销售团队交谈,你回来的时候就可以集中精力争取一些客户,使我们保持良好的盈利。你会有足够的时间。"

"好吧。"迈克尔不好意思地说。他不太同意她说的话,但觉得也还能坚持一个星期。而且他很开心她只说了一个星期,他以为她会让他休息一个月呢。

"还有一件事,"莎拉说,"你必须先去看医生,在回来之前做一些检查。好吗?"

"没问题,"迈克尔说,他知道自己被萨拉这个技术人员打败了,"如果我可以重新回到销售岗位,我甚至可以去看牙医做根管治疗。"没有什么能阻止他重返工作岗位。与此同时,他要研究潜在的客户,并且快速成交。他的家庭、公司和未来都取决于此。

第十三章

混乱

驶向悬崖

一早起来，迈克尔和萨拉忙得晕头转向，催促孩子们做好上学的准备，这时门铃响了。萨拉打开门，木匠站在那里，一只手拿着工具箱，另一只手拿着一颗手工制作的木心。

"嗨，我是 J. 伊曼纽尔，"他高兴地说，把木心递给萨拉，以便和她握手。"这是我为你们家做的。"

"谢谢！好漂亮的礼物啊，"她试着让自己在这个疯狂忙碌的早上看起来比较镇定，"但我才应该送你礼物啊。你救了我丈夫的命，对此我非常感激。"

"哦，没什么。我很开心能帮到他，而且我也很高兴我们能一起建造一个很棒的娱乐中心。我可以开始了吗？我知道现在还早，但我想有个好的开始，因为今天有很多事情要做。"

"没问题，进来吧。"萨拉说，他们走到客厅，迈克尔走出孩子们的房间,一只手拿着衣服,另一只手拿着背包。

"嘿,J.,你好啊,"他漫不经心地说,"你来得真早啊。"

"我知道,我知道,我只是想今天早点儿开始。我明天会晚点儿来,但今天有很多事要做。"

"没事,随便你哈,"迈克尔说,尽管他很高兴J.不会每天都这么早来,"我们得让孩子们为上学做好准备,所以你可以自便,冰箱里有水,我马上就回来。"

在接下来的20分钟里,迈克尔和萨拉疯狂地在家里穿来穿去,想让孩子们准时出门赶公共汽车。他们和孩子们一道,每次冲过客厅时都挥手跟J.打招呼,而木匠只是微笑着向他们招手。孩子们终于赶上了车,萨拉和丈夫走回家,她在上班前再次感谢木匠救了迈克尔一命。她离开后,迈克尔扑通一声坐在客厅的沙发上,深吸了一口气。

"现在我明白你为什么跑步的时候昏倒了。"木匠笑着说。

"告诉你,这还不算什么,"迈克尔说出了昨晚公司失去了最大的客户,"我觉得自己就像在一列驶向悬崖的失控火车上,我实在阻止不了它。我想你应该明白我的意思,我不知道我是在往上跑还是往下跑。"

"我明白,"木匠说,"你并不是特例,似乎我所有的客户和我这些天遇到的每个人都有同样的感受。他们都面临着巨大的挑战,面对繁忙的工作和压力,他们甚至无法正确思考。这简直就是我们这个时代发生的某种新的瘟疫。那些能够应对压力的人就会成功,承受不了的人就会失败。"

"我们肯定会失败。"迈克尔说,然后才意识到他是在听任自己抱怨,而不是向自己灌输积极能量。

"不一定,"木匠说,"还有另一条路,或者另一个方法,如果你想知道是什么。"

"当然啦,"迈克尔说,"我的方法肯定行不通。"

第十四章

爱是最大的成功策略

"那么,让我来告诉你怎么走,"木匠说,"但首先我必须告诉你是什么妨碍了你。是恐惧。说实话,忙碌和压力的根本原因在于恐惧。你的恐惧通过你在工作和家庭中所经受的压力表现出来。我敢打赌,公司刚开始运营的时候,你一定是缺乏自信、充满恐惧的。你害怕自己不够优秀、不够聪明、不够幸运,无法成功。这种恐惧驱使你努力工作,打败恶魔。你也取得了一些成功,对吧?"

迈克尔点头称是。

"但随着成功,更多的恐惧出现了。人们认为你越成功,你的恐惧就越少。但事实上,你只会变得更害怕。你不想失去你所得到的。更多的人在依靠你、看着你,所以你感到更大的压力。你觉得你有更多的东西要证明,也会害怕失去更多。成功更大,意味着如果失败了，就会更惨烈。太多的时候，对失败的恐惧成为一个自我实现的预言，导致最终的失败。这就是为什么我总是告诉我的孩子们，一定勇于承认，恐惧是唯一能让他们远离命运的东西。对吗？"他问道。

"是的，"迈克尔说，"你说的每个字都对。"他的自信心从来没有这么低落过，而他的恐惧从来没有这么强烈过。"你就像是会读心术。"

木匠拿起木心给迈克尔看。"你崩溃不是因为你的心脏出了问题，而是因为你内心的恐惧。但好在我们不是没有解决办法，它是世界上最强大的药物。"

他说："这个方法与爱有关，爱是你所感受到的恐惧、忙碌和压力的解毒剂。"然后他停了下来，想了一会儿，接着说："不要害怕失败，不要害怕失去客户，不要害怕你不会成功，不要害怕事情不会按你的方式发展。相反，带着爱去做每件事，你将摆脱恐惧，爱将流淌在你周围而不是压力，你将创造比你想象中要大得多的成功。"

"说起来容易做起来难,"迈克尔说,"恐惧在我周围盘旋,就像只斗牛犬一样紧紧跟着我,不肯离开。"

"我知道,"木匠说,"但这就是为什么我叫它'方式'。这是一种让每一刻、每一天都活得最充实的方式,防止所有负面力量破坏你。你在每一刻和每一天都关注爱,恐惧就会逐渐消失。"

"想想工匠们开始一项新的工作时,他们不会考虑失败。工匠只想着用爱来建造他的作品。因为他如此热爱自己的工作,用爱创造,恐惧就失去了对工匠的控制。这让他能够尽最大的努力,用宇宙中所有的爱去创造。"

"你认为自己是个工匠,是吗,迈克尔?"木匠问道。

"是的。当你描述一个工匠时,我不停地对自己说,'就是我'。我比我认识的任何人都努力工作。我总是想变得更好。我所做的一切都追求卓越,但是……"

"但是,"木匠打断了他的话,完成了他的句子,"你忘了工匠要创造爱。你不能成为一个工匠,除非你把你的爱投入你所做的工作中。毕竟，如果你不是用爱来建造它，它就不值得建造。作为一个艺术家，你必须被爱所驱使。只有这样，你才能创造出一些特别的、宏伟的、引人注目的东西。只有通过爱，你才能创造出杰作。"

迈克尔知道他是对的。他在恐惧中创造一切，这几乎要了他的命。

木匠接着说："如果你用恐惧来创造你的生活和公司，那它们就不值得创造。当你最后回首往事时，会发现你一点儿都不享受自己的创造。它们将永远不会是本来可以成为的样子，而你早已经油尽灯枯。即使你完成了自己的创造，任何在恐惧中创造的东西最终都会崩溃。"

"就像我昏倒。"迈克尔说。

"是的。记住，恐惧会逐渐消失，而爱将永久。恐惧是短暂的，爱是长久的。恐惧看起来很强烈，却很脆弱。爱看似软弱，却很坚强。爱就是道路。"

木匠把木心靠在自己心上，然后递给迈克尔。迈克尔问："我怎么走自己的路？"

"很简单,"木匠说,"当谈到你的事业时,把注意力集中在你对它的热爱上,而不是害怕失去它。不要让恐惧破坏你的梦想。你只有一次生命,所以你不妨去争取。充满爱,而不是恐惧。当你用爱来创造你的事业时,它会自己成长。当你热爱你所做的工作时,你会做伟大的工作。你是用爱创造的,你被爱着,你注定要在你所做的一切中分享这份爱。用爱创造一切!伟大是用爱建立起来的。"

木匠朝迈克尔孩子们的房间走去,转过身来,微笑着。"看在上帝的份儿上,当你早上让你的孩子准备上学的时候,爱你和他们在一起的时间,而不是害怕他们赶不上公共汽车,这样你们都会更快乐。"他笑着说。

"说得太好了!"迈克尔大声说,他知道这是他需要听到的真相。"但是那些阻碍你前进的障碍和烦人的小事怎么办呢?比如鞋带和读书报告,或是失去你最重要的客户?"他语带戏谑地说。

"它们就像狂吠的狗,在爱面前无能为力,"木匠回答,"所有这些都是你选择生活方式的机会。每时

每刻你会选择恐惧还是爱?选择爱和

热爱奋斗,因为它们让你欣赏自己的成就。

爱挑战,因为它让你更坚强。

喜欢竞争,因为它让你变得更好。

爱消极的人,因为他们让你更积极。

爱那些伤害你的人,因为他们教会你宽恕。

爱恐惧,因为它使你勇敢。"

"人生的秘诀和最大的成功策略是热爱一切,而不畏惧一切。"

第十五章

爱是一种承诺

那天晚上,迈克尔坐在家中的办公室里,思考着木匠说的话,以及他们一起在家装店转悠时的感觉。他意识到那些人并不是因为 J. 的工作出色而被他吸引。他们被他吸引是因为他热爱他的工作,而这正是他伟大的原因。他们也爱他,因为他所做的一切都流露出爱。

迈克尔从来没有想过爱是一种策略,但现在他意识到爱是如何从他的工作和事业中消失的。他不再热爱自己的事业,开始害怕它。他不再热爱他的工作,开始恐惧它。当你爱某样东西时,爱就会在你所做的每件事和你所创造的每件事中闪耀。他知道,在他的职业生涯中,有一段时间他已经停止了生活,因为压力、忙碌和恐惧使他担心结果,而不是爱这段旅程。

他从书桌上拿起一本书,这本书是萨拉在他出院几天后给他买的。这本书谈到了忙碌和压力是优秀领导、团队合作、客户服务和职业生涯的敌人。它说，科学告诉我们，当我们忙碌并背负压力，我们激活的是大脑中跟爬行动物的大脑一样的部分。这一点很重要，因为爬行动物不会基于爱做出决定——它们都是为了生存。如果它们饿了，它们会吃掉你，而不是像家里的狗那样爱你。它们的决定都是基于恐惧和生存。人类也是如此。当我们感到忙碌和压力时，爱别人是我们最不想做的事。取而代之的是，我们大脑中的爬行动物的那部分不会思考如何度过一天，而是会吃掉任何一个妨碍它的人。这本书接着说，好消息是，我们大脑的另一部分叫作新皮质。作者称之为"积极狗"（因为狗总是爱着人类），当我们爱、关心、祈祷和感恩时，它就会被激活。在任何时候我们都可以用积极的思想来替代爬行动物的那部分。我们可以选择爱别人而不是忽视他们。我们可以选择放慢速度而不是匆忙。我们可以选择有意而不是保守。我们可以深呼吸，专注于爱和感激，改变我们对待生活中的每一天和每一个人的方式。

这就是为什么木匠说要带着爱和感激去做每件事，迈克尔一边想，一边看着家里的狗——马特。马特躺在他脚边的地板上，抬头看着他。他觉得这只狗居然叫马特，这太好笑了，但动物收容所的人说这就是它的名字，然后他们就一直这样叫它。自从他们把它带回家，它就成了他们养过的最可爱的狗。迈克尔进门时，它总是第一个向他打招呼。他把它带到办公室上班，享受他们一起散步的乐趣。然而，直到读了这本书，迈克尔才意识到他太忽视马特了。很多次他都想停下来揉它的肚子，但他大脑中爬行动物的部分会告诉他继续前进、快点、吃早饭、别理狗。马特会用它那双大眼睛和一张充满爱的脸看着他，好像在说："爱我，这对你比我更有好处。"但迈克尔没有，他为此感到难过。

迈克尔的生活建立在恐惧之上，而不是爱。他知道他需要改变，现在就开始。他在地板上坐下，揉了揉马特的肚子。他意识到爱不仅仅是一种感觉，更是一种承诺。毕竟你并不总是觉得自己有能力去爱。你并不总是对你的家人充满爱，尤其是当他们给你带来压力的时候。你当然不会总觉得你爱你的球队。你并不总是想花时间向别人表示你爱他们。爱别人并不总是方便或舒适的。选择去爱，意味着你要做出一个承诺，不管你感觉如何，你都会去爱，不管你的处境如何，你都会把爱付诸行动。

迈克尔继续抚摸马特。他再也不会无视它了。他不再让忙碌、压力和恐惧阻止他去爱他所承诺的一切。他会选择爱而不是恐惧，用爱做每一件事。他会更好地爱他的团队，也会帮助他的公司更好地爱他们的客户。木匠称之为"方式"，迈克尔决定从现在起，把爱当成他领导公司的方式和他的公司接近客户的方式。是的，作为一个领导者，爱不仅仅是一个伟大的成功策略。这对他的公司来说是一个很好的策略，尤其是在销售和客户服务方面。现在他只需要弄清楚他们如何将爱付诸行动，这样他们就可以留住现有的客户，并获得更多的客户。

第十六章

**真正成功的不是金钱，
而是人、承诺、忠诚**

第二天早上,萨拉和孩子们都走了,房子里很安静。迈克尔听到的唯一声音是隔壁的割草机正在工作,而木匠正在量一块木头。迈克尔分享了他关于爱是一种承诺的想法,J.热情地补充说,这也是一种投资。"当你爱上某人或某物时,你会腾出时间去投资。我爱我所做的一切,所以我把我所有的爱都投入其中。人际关系也是如此,我们注定要通过投资来爱别人。遗憾的是,在今天的世界里,我看到太多的人投资于事物而不是人际关系。尽管我是个木匠,但我知道人比家具更重要。"他边说边量着另一块木头。

　　迈克尔笑了笑,但随后仔细思考了一下,发现自己没有在人际关系上投入太多,这让他很内疚。他在家里比在工作中做得要好,但也还是不够。在女儿的少年篮球队里,他觉得自己还可以付出更多。

木匠接着说，"尽管我以分享成功策略而闻名，但我告诉所有愿意听我讲话的人，真正的成功不是金钱或财产，它是关于人、承诺、忠诚和关系的。最终，衡量我们成功与否的标准不是我们的银行账户、销售额、盈亏情况，也不是我们公司的规模，而是我们在人们生活中所做的改变，以及我们通过人际关系所产生的影响。所以，不要忙于追逐金钱和成功，以致你难有作为，无法建立有意义的关系。"

对于木匠的这一番话，迈克尔只能说："我明白。我明白。我明白。"他意识到他应该把更多的精力放在建立人际关系而不是业务上。他现在只是把每一个客户都看作是拓展业务的机会，而不是像他在以前的公司做销售时那样建立稳固的关系。

木匠很清楚迈克尔的脑子里怎么想的。他和许多像迈克尔一样的客户打过交道，经常注意到一个人越成功，他们的关系就越受影响。每个人都忙着赚钱，却忘了生活是关于人而不是物的。木匠知道迈克尔需要听什么，于是继续分享。他说："投资于人际关系，不是因为你想要什么，而是因为你想建立什么！令人意想不到的是,当你专注于有所作为和建立关系时,成功就会找到你。"

迈克尔说:"当我回到工作岗位时,我想让我的团队把这件事放在第一位。"

"那太好了,因为如果你想创建一个成功的公司,你必须创建成功的团队。在他们身上投资,发展他们的能力,他们会喜欢来工作,并将表现出更高的水平。如果你注重培养他们,他们反过来会成就你的公司。"

"这对客户也同样有效。如果你想创建一个成功的公司,就爱你的客户,并投资与他们的关系。当你爱你的顾客时,他们就会成倍增长。"木匠边说边走到靠窗的植物跟前,把它举起来:"万物随爱而生。"

然后他继续说:"这对家庭最有效。我一直告诉人们,如果你想建立你的家庭,你必须花时间投资于你的婚姻和孩子。我知道你很擅长投资于你的家庭,但是当你成功的时候,记住不要忽视那些和你最亲近的人。没有人会故意这么做,但我们越忙,我们优先解决的问题就越跟家庭无关。慢慢地,我们和家人沟通的时间变得越来越少,而他们只能在我们的葬礼上哭泣。当我们从忙碌中清醒过来环顾四周时，却发现周遭一个人都没有了，我们将感到孤独和空虚。因此，确保你不断地确定你生活中需要加强的关系，然后有意识地努力关注它们，为它们腾出时间，发展这些关系，并对它们进行投资。如果我们花时间在人际关系上投资，花时间与家人、朋友和同事共度美好时光，我们的生活和职业质量就会大大提高。我相信我们变得更好是因为有人在爱我们。你的团队和家人会因为你的爱而成为更好的他们。"

第十七章

服务是第二大成功策略

"我如何将爱付诸行动?什么是显示我对他们的承诺和投资的最好方式?"迈克尔问,他昨晚一直在想这个问题。

"好吧,"木匠说,"你这个问题的答案正好是我想和你分享的下一个成功策略。但是在我分享这个策略之前,你能给我一杯水吗?我非常渴。"迈克尔跑到厨房,给他倒了一杯水,拿来给他。木匠大口地把它喝了下去,然后让迈克尔从他最喜欢的商店给他买一个虾饼。"我今天忘了带午饭,中午我一般都会很饿。我只要吃饱了,就能做出最好的木工活儿,而我最喜欢吃的就是虾仁煎饼。"。

迈克尔觉得这是个奇怪的要求,因为离中午还有几个小时,但他还是跑到一家卖早餐和午餐煎饼的煎饼店,买了一些给木匠和他自己。他在车流中困了一段时间，因为一辆车被卡在路上，他不得不走几条小路回家。

当他终于到家时，木匠正在后院锯搭建娱乐中心主要部分的木块。迈克尔一走进后院，木匠就问道："你能把那边的那块木头拿过来吗？"迈克尔把木头拿过来，J.叫他把它放在其他木块上。当他们锯完后，他指示迈克尔抓起砂光机，帮他打磨每块木头的表面。然后，他让迈克尔把螺丝刀和螺丝拿来给他。做完这些后，他让迈克尔再给他拿杯水来。等迈克尔拿着水回来时，木匠说："现在你把它喝了。"

"好吧，"迈克尔喝了一口，"那你为什么要我帮你拿？"

"因为我想向你展示第二大战略，"他说，"到目前为止，我已经分享了我最喜欢的几种成功策略。当然，爱是最伟大的。然后，爱把我们引向第二大策略，那就是服务。整个上午，你都在为我服务，却连想都没想。当我让你再去拿杯水的时候，你没有问题。你想要服务我，帮我的忙。你没有想着你自己，而想着我和我的工作。你是发自内心地服务。"

然后他们走进房子里，木匠抓住他做的木心，拿出一个锋利的工具，在上面刻了"爱"字，然后在下面加上了"服务"。"因为我们爱，我们服务。当我们为他人服务时，我们用爱填满了他们的杯子，也装满了我们自己的。"

迈克尔若有所思地看着木心上的字，想着木匠说的话和他自己的经历。"但是服务让人筋疲力尽。"迈克尔说，这是他在过去几个月试着帮助家人、员工、客户和女儿的青年篮球队时的感受。

"如果你出于恐惧而服务，那会很累的，"木匠说，"但如果你像今天一样，用爱来服务，它会让你充满活力。人们认为如果他们为别人服务太多会感到疲倦，但这不是服务的原理。当你带着爱去服务别人，让别人神采奕奕时，你也会焕然一新。"

迈克尔又喝了一口水，意识到他给 J. 拿的水已经把自己灌饱了。

"不要让对疲累的恐惧妨碍了为他人服务，"木匠继续说，"不要让恐惧、忙碌和压力阻碍你用爱服务。因为恐惧，大多数处于领导地位的人变得自私自利，他们试图通过保护和服务自己来积累权力。但是真正的领导者、伟大的领导者，通过服务他人和用爱来释放他们的力量而变得强大。只有服务才会让你变得更好，你知道为什么吗？"他把木心递给迈克尔，问道。

"我不确定。"迈克尔回忆起他高中和大学时的暑假，那时他在东北部的海滩当救生员。首席救生员告诉他，他的工作是一种服务，但迈克尔当时没有多想。

"那么，我再问你一个问题。告诉我一些历史上最伟大的领导人。我们最崇拜谁？"

迈克尔想了一会儿，匆匆说出了几个名字。"甘地（Gandhi），马丁·路德·金（Martin Luther King），耶稣（Jesus），亚伯拉罕·林肯（Abraham Lincoln），乔治·华盛顿（George Washington）。"

"好名单，"木匠说，"为什么我们要在退伍军人节和阵亡将士纪念日纪念那些为国家服役的人？"

"因为他们服务和牺牲。"迈克尔说，他看着木心，想起了他在第一年的救生员生涯中救了一位老妇人，使她免于被波涛汹涌的大海吞没。

"是的!"木匠叫道,"当你爱的时候,你服务;当你服务的时候,你牺牲。服务需要牺牲一些东西。无论是时间、精力、金钱、爱、努力还是专注,为他人服务总是会让你付出一些代价,但通过服务和牺牲,你会收获更多。我们敬佩那些为我们服务和牺牲的人,其他人敬佩我们的服务和牺牲。没有什么比牺牲的爱更强大了。没有什么比让别人知道我愿意为他们服务和牺牲更能说明我爱他们了。当你爱和服务别人时,你会在他们眼中变得伟大。他们会知道你爱他们,他们也会爱你。他们会尊敬你,会信任你。他们会告诉别人关于你的事。服务将带来真正的成功。"

"你也没法假装去爱别人、服务别人。"迈克尔说,他回忆起一个假装热爱和服务的老板,每个人都知道他很假。

"是的,你不能假装。你不能为获得权力假装服务别人。有些人可以装一段时间,但不能一直装下去。我们知道谁会跑进着火的大楼来救我们。真相非常明显。那些为获得权力而服务的人不会持久。那些并非为了权力而服务的人反而从他们所服务的人那里得到权力。这就是为什么当你以微不足道的方式服务时，你反而有更多的机会以更重要的方式进行服务。这就是为什么当你开始为少数人服务的时候，最后变成为多数人服务。"

"这就是为什么世界上最伟大的领导人不是独裁者，他们是来为我们服务和洗脚的仆人。这就是为什么我们尊敬马丁·路德·金和甘地。他们为了比自己更伟大的事业献出了生命。他们的牺牲成就了我们。因为他们，我们在一个更美好的世界里成为更好的人。我们不喜欢和鄙视暴君、骄傲或傲慢的人。我们爱并尊敬谦卑的仆人，他爱我们，使我们变得更好。"

"永远记住，你作为领导者的伟大不是由你积累了多少权力决定的。这将取决于你为他人做出了多少贡献和牺牲来帮助他们变得伟大。伟大的领导者不会因为伟大而成功。他们之所以成功，是因为他们展现了他人的伟大。我相信要想成为伟大的人，你必须有一个自我，但同时，为了成为伟大的人，你必须放弃自我，服务他人。要成为一个伟大的领袖，你必须是一个仆人式的领袖。只有通过服务和牺牲,你才能变得伟大。你必须为领导而服务。"

"我怎么才能成为一个仆人式的领袖呢?"迈克尔问道,他的脑海里闪过无数念头。

"很简单,"木匠说,"当你回到工作岗位时,像今天为我服务一样,寻找为他人服务的机会。就像你为我服务了一上午一样,为你的团队服务。询问你的员工需要什么并为他们服务。在他们知道自己的需要之前就预测他们的需要并为他们服务。问问你的客户,他们需要你做什么才能做到最好,预测并满足他们的需求。最伟大的销售人员之所以成功,是因为他们热爱并服务客户。教导你的团队互相服务也很重要。伟大的队友为团队服务比为自己服务更多。当一个团队更加致力于服务彼此而不是自己的私欲时,他们就会变得非常强大,能完成惊人的事业。"

迈克尔看着木心上的字,深吸了一口气。木匠说的话令人无可辩驳。正如文字刻在木头上一样,它们展现的真理也刻在他的心里。爱是一种承诺和投资,他需要更好地为他人服务,而不是为自己服务。他原以为自己是在服务,但现在他意识到自己只是出于恐惧才成为领导者,这让他筋疲力尽。现在他知道,为了他和公司更好地生存下去,他需要用爱心服务。作为一名救生员,他拯救了很多人的生命,现在他需要用同样的服务和牺牲的方式来拯救自己和公司。

"还有一个策略可以让你的心更充实,"木匠边说边伸出手,指着"爱与服务"下面的地方,"这是所有成功策略中第三大成功策略,它是所有成功模式中最伟大、最简单、最强大的模式。"

"是什么?"迈克尔问,希望J.的分享能给他更多的想法和实战策略,这样他回去工作后就可以付诸实施。

"我明天和你分享。慢慢消化这三种策略并思考如何实施它们是很重要的。另外,现在我很想吃一个虾仁煎饼。"

现在已是中午,木匠饿了。

第十八章

三明治

每天做一些小事来表达你的爱和关心

经过一天颇有成效的测量、锯木、抛光和搭建，木匠去了墨西哥煎饼店，去见那些想雇用他的潜在客户，迈克尔则开车送女儿去练习篮球。萨拉同意他帮助其他教练，但不允许他带队训练或大喊大叫。

在路上，迈克尔想起了他第一个也是最伟大的教练，他的母亲。他记得七年前去看望她，和她一起散步。她简直就是一个步行机器，每天步行数英里，但这一天，她似乎很累。迈克尔试图说服她往回走，但她不听。她想和他一起走去杂货店，给他买些做三明治的食材，这样他在回家的五个小时车程中可以吃。他们去了杂货店，但在回来的路上她越来越累。回到她家时，迈克尔叫她去休息和小睡一会儿，但她不肯。她径直走进厨房，给他做了一个三明治。

在回家的路上，他吃了那个三明治，但当时没有多想。七年后的今天,他用一种全新的方式来思考那个三明治。那一天,他的母亲死于癌症,但之前没有告诉他有多严重。她病情急转直下,那是他与她的最后一面。她在与癌症做斗争,但对她来说最重要的事是给儿子做个三明治。

她不仅鼓励他、推动他成为最好的自己,还是爱和服务的身体力行者。她本该把自己放在第一位的,却把他放在了第一位。他知道妈妈会跑进着火的大楼去救他,而她就是他跳到海里去救那位老妇人的原因。她是一位伟大的教练,教会了他爱和服务。当他看着窗外,想着那个三明治,他意识到服务并不总是要做出巨大的牺牲和过量的服务行为。它是每天做一些小事来向人们表达你的爱和关心,需要用博大的胸怀和大量的爱去做一些小的举动。

当晚的训练中,迈克尔专注于爱和服务女儿的队友。他专注于帮助她们变得更好。他不再想着要击败另一支球队,而是开始用积极的鼓励话语和简单的技巧来帮助每个女孩变得更好。

他一次也没喊叫,甚至他的女儿也评论说这是他今年做得最好的一次。他开始明白了爱是怎样一条道路。现在他只需要弄清楚如何在他的公司也做到这一点,因为它快淹死了,需要有人来救它。

第十九章

关心是第三大成功策略

第二天，木匠很明智地在萨拉和孩子们走后才出现，他开始和迈克尔一起建造娱乐中心。这会儿他们需要做的是把背面弄好，当然，木匠用的是最好的木头。稍事休息时，他抓住那个木头做的心，在上面刻上"关心"两个字，然后拿给迈克尔看。

"这是第三大成功策略，"他充满激情地说，"这是我最喜欢谈论的话题，因为当你关心你所做的工作，向人们展示你对他们的关心时，你会在一个大多数人都不关心的世界里脱颖而出。关心才能成功！"

"以我对自己的了解，"迈克尔说，"我关心一切。"

"它也显示了，"木匠说，"我愿意和你分享这些策略的原因——你对别人的关心。关心会吸引你周围的人。我们都想和关心我们的人一起工作。我们想帮助关心我们的人。当你关心的时候，你就像磁铁一样吸引人。前几天你问我为什么店里的人都想和我说话，那是因为我是一个态度积极的工匠，我热爱、服务和关心他人。"

"如果你想成功，你必须表现出对所做工作的关心。我关心我建造的东西，人们可以在我的工作中看到这种关心。这就是为什么人们会来找我并雇用我，即使我无法回复语音信箱。他们知道我关心自己的工作，这是最好的营销策略。"听到他这样说，迈克尔露出了微笑。他开始意识到木匠比他想象的更善于推销。

"如果你关心别人，全世界都会知道，对吧？"迈克尔问，在那一刻他意识到，他的公司失去了最大的客户，是因为他们发展得太大、太快，不够关心客户。

"毫无疑问。全世界都会涌向那些关心客户的人，购买他们的产品，支持他们，因为这些产品是由体现出关心的企业生产的，比如我最喜欢的那家墨西哥煎饼店。我能从每一个玉米煎饼看出，做玉米煎饼的人是否足够关心顾客，把它做得好吃。我可以判断在柜台工作的人是真的关心别人，还是仅仅领薪水的。如果那里的人不再关心他们的工作和我,我会找到一个真正关心顾客的新地方。"

"我知道你的意思,"迈克尔说,"我妻子不再去一个很受欢迎的发廊,因为那里的人不再关心她。他们变得非常忙碌,变得越来越商业化,越来越不关心别人。现在,她在寻找另一个关心她的地方。"

"是的,就是这样,"木匠热情地挥舞着双手说,"当你关心的时候,你不仅关心你所做的工作,还向人们展现出你关心他们。当你在乎的时候,每个人都很重要,每件事都很重要。"

木匠把他的手放在娱乐中心的顶部,张开手掌,慢慢地移向底部,像抚摸孩子的头发一样。"当我们关心的时候,我们关心每一寸、每一个细节。我们关心设计。我们关心我们使用的材料。我们关心配料。我们关心我们的团队。我们关心每一次互动。我们关心每个团队成员的感受。我们关心服务。我们关心每个客户的感受。我们关心所有能带来巨大成功的小事。当我们在乎的时候,我们创造了别人在乎的东西。当我们关心的时候,我们就是工匠,工匠总是希望变得更好，工作更努力，关心更多。"

迈克尔和木匠接着交流了他们最喜欢的企业的故事，这些企业懂得关爱的力量。他们谈到了有些超市会培训员工在顾客找不到要找的东西时带他们去货架；轮胎中心的员工会跑着去迎接顾客；一些公司提供免费送货和免费退货服务；非常关心员工和顾客的航空公司，以至于LUV（爱）成为公司股票的象征；以及那些特意招待食物过敏者比如迈克尔的孩子们的餐馆。迈克尔最喜欢的一个与关心别人有关的例子是菲茨（Fitz），他在罗森布鲁姆店里工作，向迈克尔销售他的西装。"每当我穿上一套新西装或一条新裤子，我都会在塞到口袋里的一张便条上看到菲茨给我的鼓励信息。它不是要感谢我照顾他的生意，而是让我微笑、开怀大笑、享受一天余下的时光。有一次，我正要去见一位重要的客户，感觉到新夹克的口袋里有一张卡片。我拿出卡片，是菲茨给我的一张纸条，上面写着：'你的生活现在变得好多了。'我喜欢他花时间写一张让我充满喜悦的手写便条。他关心我，我也不想在别的地方买衣服。"

木匠回答说:"菲茨清楚地理解这条路,并且找到了一种独特的方式来表达他的关心。这看似一个小小的举动,却意味深长。多年来,我发现,最成功的人、公司和组织都会找到独特的方式来表达他们的关心,并将这种关心变成一种习惯,从而脱颖而出。对我来说,这是关于我所做的工作;对公司来说,这可能是因为它能够全天候满足客户的需求。有些公司甚至可以通过比竞争对手更快地回复语音信箱来表示它们的关心。关键是找到适合你和你的工作的独特方式。"

迈克尔和木匠接着讨论了在每个职业中,真正关心他人的人会脱颖而出,他们都同意最好的运动队是由那些不仅想成为最好的球员,而且关心队友的球员组成的。他们讨论了他们在学校的经历,意识到他们最喜欢的老师和教练是关心他们的人。迈克尔说,当他在医院时,一个有爱心的医生或护士会产生很大的作用。他们一致认为,那些关心别人的人会不遗余力地让别人觉得自己很重要。

然后木匠说:"永远记住,伟大的组织都是由那些充满关爱的人组成的——而它始于你的关心。不是因为你是公司的领导者，而是因为一个关心他人的人能激励周围的人也这样做。任何组织中的任何人都可以成为CCO（Chief Caring Officer，首席关怀官）。"

迈克尔笑了。"我是上一家公司的首席关怀官，"他说，"从技术角度看，我不认为我是最好的销售人员。但我赢得了所有的奖项，因为我发现了客户真正想要的，我关心他们，确保他们得到他们想要的。我没有试图向他们推销他们不需要的东西。"

"其他人会以你为榜样吗？"木匠问。

"是的。我们形成了一个更成功的销售团队和组织，因为我的关心影响了其他人。"

"这是建立一个伟大组织和团队的秘诀，"木匠说，"当你关心的时候，你会激励别人去关心。同样重要的是确保你身边有关心你的人。然后，你们一起采取行动来表示你们的关心。想办法把这种关心扩展到别人身上并为他们服务。写个便条，打个电话，尽你所能为某人服务，超出别人的预期。当你表现出自己的关心和对别人的重视时，人们会知道。一个微笑，一句鼓励的话，额外的5分钟时间，解决客户的问题，倾听员工的意见，为朋友做出牺牲，帮助团队成员度过一段充满挑战的时间，这些都能带来不同。永远不要低估花时间让别人觉得特别的重要性。"

"然后，当你建立起关心他人的声誉，别人对你的期望更高时，你就能继续提供比他们期望的更多的东西。你的每一次关心行为其实都在说：'我在这里爱你，为你服务。'当这种情况发生时，你会吸引更多的爱。他们会谈论你并介绍你。他们会在聚会上讲你的故事。人们甚至会写关于你的书。关心是最终的成功建设策略。人们把它弄得很复杂，但事实上很简单：

关心你的工作。
你周围都是关心你的人。
向你的团队展示你对他们的关心。
建立一个互相关心的团队。
一起向你的客户展示你对他们的关心。"

"这就是你脱颖而出并取得成功的方式。"

第二十章

成功模式

热爱、服务、关心

木匠看得出来迈克尔在沉思。"是什么在困扰着你？"他问道。

"没有，我只是在想，过几天回去工作后，如何把这些都付诸行动。"

木匠给迈克尔看木心。"就这么简单：你爱，你服务，你向人们展示你的关心。这是有史以来最简单、最强大、最伟大的成功模式。你把这三个词记在心上，放在心上。当你领导你的团队时，你热爱、服务和关心。当你卖东西的时候，你爱、服务、关心。当你指导时，你爱、服务和关心。当你为顾客服务时，你爱、服务、关心。不论是独处时还是和集体在一起，都要将这个方法付诸实践，你将在你所做的一切中获得成功。

"然后，成为你的团队的榜样，让他们效仿你。如果你想让你的团队爱你，你就爱他们。如果你想让他们服务你,你就服务他们。如果你想让他们关心你,你就关心他们。如果你想让他们尽力而为,你就要尽力而为。它不是一夜之间发生的,但你今天投入的工作将成为你明天欣赏的杰作。

"然后你将这种模式灌输给你周围的人,鼓励他们认识并内化爱、服务和关心的含义。它们不可能仅仅作为一块木头上的文字存在,它们必须活在所有与你一起工作的人的心中。每个人都可以选择去爱、去服务、去关心,当他们这样做的时候,他们就会成为他人的领导者。不是所有的领导者都爱、服务和关心,但所有爱、服务和关心的人都是领导者。

"本着这种精神,你和你的团队必须找到每一个机会,将这种模式付诸实践,以领导其他人。我相信我们拥有宇宙中最强大的力量,能够改变另一个人的生活。如果我们在生活中分享这种模式,它不仅会改变我们的公司、学校和团队,还会改变世界。"

木匠微笑着把木心递给迈克尔:"说到把这个模型付诸实践,你能在我给木头上色的时候,买些虾仁煎饼来爱、服务和关心我吗?我们的杰作快完成了。"

第二十一章

价值

你重视他人，你对世界的价值也会增加

第二天早上,当木匠对他的杰作进行最后润色时,迈克尔给他开了一张支票。他决定付给 J. 比他所报的价更多的报酬。木匠不只是谈论爱、服务和关心,他实践了这些话,这使他的价值增加了十倍。他不仅仅是个木匠,更是一位热爱、服务和关心迈克尔的老师、导师和教练。

迈克尔意识到,当你爱、服务和关心他人时,这表明你重视他人;反过来,你对世界的价值也会增加。他第一次意识到离开工作一段时间对他颇有好处。他需要治愈自己的心灵,这样他才能把所有的一切都奉献给他的团队。迈克尔准备按木匠的提示改善他的生活、领导和工作方式。他对回去工作既兴奋又紧张。他有一个强大的模式可以分享,但他想知道在公司最大的客户正式离开之前,是否有足够的时间来分享。他能多争取几个客户吗？他们能足够快地改进客户服务吗？在这个过程中他能保持冷静和健康吗？

木匠走过来，站在迈克尔旁边，看着娱乐中心。这是迈克尔所见过的最华丽的工艺品。真是太美了，迈克尔称之为艺术品。如果他能用木匠的成功策略把他的事业也打造成杰作就好了。

当他们走到前门时，迈克尔没有等 J. 拥抱他，而是主动拥抱了木匠。

"我对你感激不尽，"他说，"感激你为我做的这一切！"

木匠说："你回去工作的时候告诉我进展如何。你有我的号码。"

"我会给你留言，因为我知道你不接电话。"迈克尔笑着说。

"别指望我会给你回电话。"木匠说，然后放声大笑。

"我不会的，"迈克尔说，"但是如果我需要谈谈，我知道在哪里能找到你。"

"很好。"其实木匠知道他们很快就会见面,他所有的客户在学习了他的策略后不久都会来拜访他。迈克尔拥有最伟大的成功策略,随之而来的是难以置信的力量和巨大的挑战。

"期待和你再次见面。"J.说,然后向门外走去,他走向下一份工作,期待着创作另一部杰作。

第二十二章
成功之心模式
爱、服务和关心

接下来的几天里,迈克尔在家里和女儿的篮球训练中实施了爱、服务和关心的原则。他还有几天的时间才能回到工作岗位,于是他能陪 9 岁的女孩们打篮球时测试这些策略。每天早上,他都自言自语,而不是听自己的抱怨。在公园里慢慢散步时,他背诵木匠教给他的句子。他的妻子说,在孩子们准备上学的时候,他显得平静多了。看到他帮忙洗衣服和用吸尘器打扫房间,她也挺开心。

孩子们很喜欢他在棕色午餐袋和房间里的白板上写下激励他们的话。他把木匠的话听进去了,决定无论好坏,都要分享和强化这些信念和信息,使它们成为孩子思考和信仰的一部分。他没有给他们悲观、愤世嫉俗和消极的诅咒,而是决定把鼓励、乐观和积极的信念作为礼物。他想用正确的信念创造他们通往未来成就、胜利和成功的道路，因此他每天都写下一条积极信息。

他的医生也注意到了他的不同。迈克尔的体检和血液检查显示他没有任何问题，他得到了一份健康状况良好的报告。事实上，他的血压比以前低了，所有的数据都比以前好。医生说："无论你在做什么，都要坚持下去。"迈克尔很自然地给了他一个拥抱，知道这意味着他可以回去工作了。他冲出大楼，冲向自己的汽车，感觉比以往任何时候都好、都强壮。

他告诉萨拉医生给出的好消息和他从木匠那里学到的一切。虽然她很惊讶他能从一个建娱乐中心的人身上学到这么多东西，但她并不在乎他是怎么变好的。她只是庆幸他好多了。家里的积极变化和他良好的健康状况使她相信，他不仅可以重返工作岗位，还可以作为女儿篮球队的主教练回来参加即将到来的比赛。她认为这将是一个很好的测试，可以看看他应对压力的情况。

那个周末，迈克尔看到了将爱、服务、关怀付诸实践的第一个成果。他女儿所在的篮球队本来是联盟中最差的,每场比赛都输,现在终于取得了第一场胜利。另一支球队的教练评论说,迈克尔的球队有了明显的不同。迈克尔将他的方法命名为"成功之心"模式,现在他只希望它能尽快给他的事业带来积极的变化。

周日晚上,他上网查看了公司的客户服务报告,对他们遇到的问题非常震惊。尽管萨拉尽了最大的努力来解决客户服务上遇到的难题,但情况看起来越来越糟。他迫不及待地想在周一上班,和他的客户服务团队一起实施"成功之心"模式。如果它能令一个篮球队发生这么大的变化,肯定也会对公司的工作产生立竿见影的影响,至少他是这么想的。

第二十三章

弱点

事业没有篮球队反弹得快

对于球队,你可以判断某些原则是否有效。你知道这个球队的领导者是否得到了球队的认同。你知道一个球队是否团结一致。在一个为期16周的赛季里,这种情况一目了然。但对于企业和组织来说,领导力和团队建设原则往往需要更长的时间才能显示出可量化的好处与成功。迈克尔将亲身体会到这一点,因为他的事业并没有他女儿的篮球队反弹得那么快。

周一一上班,他就召集了一个全体员工的会议,与大家分享了这位木匠的三大成功策略以及"成功之心"模式。他谈到了他最近的健康状况,以及他对失去公司和生命的恐惧。萨拉也分享了他们所经历的一切,以及她所面临的挑战。作为一个家庭和公司的领导者,他们毫不掩饰自己的脆弱以及遇到的问题，但是也表达了他们的激情、远见和对公司未来的乐观。

这个会议把大家的心与萨拉和迈克尔以及他们的愿景聚集到了一起。他们商定了一个短期计划，即争取更多的客户以维持他们的运营并改善客户服务，以及一个旨在长期发展和繁荣的愿景。每个人都知道自己需要做什么，并为此感到振奋。他们用纸心做了一些标语，上面写着"爱、服务和关怀"，并把这些标语贴在办公室周围，提醒每个人都要为他们的客户不断进步。

可惜，这些兴奋情绪并没有立即产生影响。一个星期过去了，他们还没有获得新的客户。又过了一个星期，仍然没有新的客户。迈克尔打了一个又一个电话，仍然徒劳无功。他保持积极的态度，用爱对待每一个人和每一件事，但业绩却没有任何改善。更糟糕的是，尽管他们尽了最大的努力，他们的客户服务并没有得到多少改善。迈克尔知道公司已经雇用了更多的员工来处理这个问题，但还有其他问题他无法完全解决。是时候去拜访木匠了。

第二十四章

成功需要时间,这是长期的策略

迈克尔下班后在木匠最喜欢的墨西哥煎饼店找到了他。他的语音信箱留言告诉人们他会在那里。他现在在一户人家家里工作，像迈克尔和萨拉的家。在那里与其他客户交谈似乎不太合适，所以他每天都要在煎饼店坐上几个小时，等待人们来找他。他喜欢观察陌生人，和他们交谈，并让对方知道在这个世界上并不孤单。他微笑着为人们开门，并对那些他认为需要的人说一句鼓励的话。有人认为他太好了，不可能是正常人，其他人认为他在那里工作。墨西哥煎饼店的老板们都很喜欢他，因为他在那里的时候生意总是越来越好。每个来看他的人都买了些东西，立刻就成了这个地方的粉丝。但即使是墨西哥煎饼店的欢乐气氛也无法改变迈克尔的痛苦。他一边狼吞虎咽地吃着玉米煎饼，一边告诉木匠他在过去几周里为争取新客户所做的努力。

他说:"我以为实施了爱、服务、关心的原则就会立竿见影,就像我女儿的篮球队一样。"。

木匠笑了。"会有用的,但需要时间!这些不是短期的成功策略,是建造杰作的长期策略。人们常说,罗马不是一天建成的,你的事业也不是一天建成的。想想看,山姆·沃尔顿(Sam Walton)直到公司成立七年后才开了第二家店。成功需要毅力。星巴克直到第13年才有第五家店。约翰·伍登(John Wooden),我亲爱的朋友,也是有史以来最伟大的教练之一,直到他在加州大学洛杉矶分校的第16个赛季才赢得第一个全国冠军。正如他所说:'一切伟大的事情都需要时间。'"

"任何有价值的东西都需要时间来建造。我们现在都想要成功,但成功不是这样达成的。毕竟,如果我们能立竿见影地取得成功,我们就无法塑造维持真正成功所需的品格。斗争、逆境、胜利和成功都是建设过程的一部分,我们必须接受这一切。"

第二十五章

失败的礼物

"但我失败了,"迈克尔焦虑地说,"我不觉得我在建造什么。我感觉周围的一切都在崩塌。"

"我们都有过失败的经历,"木匠说,"从长远来看,我们失败后的所作所为决定了我们成就什么。历史上一些最成功的人经历过巨大的失败,但他们把它变成了巨大的成功。大多数人不知道沃尔特·迪士尼(Walt Disney)曾经因为缺乏创意而被一家报纸解雇,他的第一家卡通制作公司也破产了。每个人都爱露西,但是露西·鲍尔(Lucille Ball)被告知她没有天赋,应该离开默里·安德森(Murray Anderson)的戏剧学校。苏斯博士(Dr. Seuss)曾被27家出版商拒绝,想烧掉他第一本手稿,如果他真的烧掉了,那会发生什么呢?还有,人们很容易忘记,史蒂夫·乔布斯30岁时就被苹果公司解雇了,奥普拉·温弗瑞(Oprah

Winfrey)作为新闻主播也曾被炒鱿鱼,她的公司告诉她,她不适合上电视。"

"这些我一点都不知道。"迈克尔说。

"是的,它们是真的,但是还有无数类似的成功故事。我在许多成功人士的家里工作过,亲眼看到每个人在生活中都会失败,但如果你不放弃,并愿意为此而学习、改进和成长,失败就可能是一份礼物。你看,失败往往是人生旅途中的一个决定性时刻,一个十字路口。它给你一个测试,旨在衡量你的勇气、毅力、承诺和奉献精神。你是一个在一点儿挫折后放弃的伪装者,还是一个在被击倒后不断站起来的竞争者?

"失败给你提供了一个很好的机会来决定你到底想要多少东西。你会放弃吗?或者你会更深入地挖掘,投入更多,更努力地工作、学习,然后变得更好?如果你知道这是你真正想要的,你就会愿意付出成功所需的代价。为了成功,你愿意一次又一次地失败。

"或者,有时候失败会让你选择一条从长远来看对你更好的道路。我儿子大学毕业后的第一份工作失败了,但这反而帮助他找到了理想的工作。有时我们不得不失去一个目标来寻找我们的命运。有时候失败会让我们明白，我们真的不想要那个目标，但我们确实想要别的东西。

"无论失败会引导你走向什么样的道路，它总能让你谦卑，它能塑造你的性格，给予你看待事物的不同观点，培养你的信念，并让你在之后感激你的成功。如果你没有失败，你就不会成为那种最终成功的人。

"我想鼓励你把失败看成是一场考试，一位老师，一条通向更好结果的弯路，一件能让你变得更好的事情。失败并不是最终的和致命的。它不是用来定义你的。它的本意是使你成为你本来的全部。当你把失败看成是祝福而不是诅咒时，你就会把失败的礼物变成通向成功礼物的踏脚石。"

"那我现在怎么办？"迈克尔问道。

木匠的回答不是迈克尔所期望的，但正是他所需要听到的。

第二十六章

世上没有完美的木头，

也没有完美的人

木匠把手放在桌子上。"这张桌子是我做的,"他说,"这里的每一张桌子都是我做的,那边的栏杆也是我做的。你知道它们有什么共同点吗?"

"是什么?"迈克尔问。

"它们都是不完美的。它们都是未完成的作品。是的,我把我的每一个项目都称为杰作,但即使是杰作也有不完美之处。是的,我追求完美,但我知道这永远不会发生。世上没有完美的木头,也没有完美的人。

"每一次奋斗、每一次挑战、每一次失败都是为了帮助展示自己在这一刻是谁,我们要走多远才能成为我们注定要成为的人。我们看到自己有多么不完美,我们还需要改善什么。我们意识到自己是未完成的艺术作品,用爱创造我们的造物主还没有完成对我们的塑造。一旦我们意识到这一点,我们就可以让自己被塑造,成为上天创造我们的全部。你的计划可能进行得并不顺利,但你有一个完美的计划。

"从最近的失败中吸取教训,让它们帮助你改善作为领导者、个人和建设者的品质。你带领公司渡过这些难关是有原因的。所有这些都是为了帮助你成长,成为一个更好的领导者,最重要的是,成为一个更好的人。对自己多一点儿信心,鼓起最大的勇气,并继续变得更好。我相信你。"

第二十七章
只有勇气能够创造出未来

迈克尔走出墨西哥煎饼店时精力更充沛了。他已同意一周后再与木匠见面，向他通报最新进展。当他开车回家时，他所能想到的只有勇气这个词。他的朋友欧文·麦克马纳斯曾经告诉他，梦想你想要的生活和过你梦想中的生活之间的唯一差别就是勇气，但是当迈克尔在内心寻找时，他觉得自己不是很勇敢。他知道许多勇敢的人因为他们的勇气而改变了世界。然而，知道他需要勇气来克服恐惧和有勇气这样做是完全不同的。

他记得曾经听过的纳尔逊·曼德拉的一句话："不要以我的成功来评判我，而要以我跌倒了多少次又站起来来评判我。"迈克尔意识到他一直在被自己说服，认为最重要的是有一个成功的结果，但现在他意识到，最重要的是他能从每一次失败和挫折中恢复过来。前途未卜，他的计划可能行不通，可能遭遇失败。但他不必把注意力集中在这些上，他所要关注的就是有勇气站起来继续前进。

"勇敢点儿，"他握紧拳头对自己说。恐惧一度使他崩溃，但不会再崩溃。生命太短暂，不能不追求你的梦想。"生命太短暂了，不能活在恐惧中。"他一边看着后视镜，一边喊道。他不仅要为自己勇敢，还要为家人和所有相信他的人勇敢。他知道多年后他的孩子们会诉说关于他的故事，他希望他们说他勇敢、有爱心、关心他人。他想让他们知道，为了成功，他愿意失败。他知道自己的生活和孩子们从他身上学到的教训将是他留下的最大遗产，他不可能以恐惧和懦弱收场。此外，他和萨拉没有 B 计划。他们决定，当他们出于信念追求梦想时，他们不能有 B 计划，否则就太容易放弃了。别无选择。当然，他们的家人或许会批评他们，他们则认为每个人都可以成为批评家，只有勇气能够创造出未来。现在他正处在十字路口。是让失败来定义他，让批评家们来批评他，还是让他的勇气来定义他——没有别的办法了。他会勇敢地创造他梦想中的生活,或者尝试失败。

他走进房子,直奔孩子们的卧室,在他们的白板上写了一条信息。他们可能不会完全理解他现在写的东西,但随着时间的推移,他相信这个信息会很好地为他们服务。

如果你有勇气面对最大的恐惧和挑战继续前进,任何挑战都无法阻止你。勇敢一些。

迈克尔走到办公室,鼓足勇气,看了看销售和客户服务报告,开始制订一个成功的计划。

第二十八章
一线希望
一笔新买卖

就像大多数伟大的事情一样,转机在你最不经意的时候来临了。迈克尔的一个客户和一个朋友谈论他的公司因为迈克尔公司开发的软件而取得了巨大成功,结果迈克尔接到了这位客户朋友的销售电话。这并不是一笔大买卖,但足以给公司带来一线希望——它将能够找到足够的新业务,以取代失去的最大客户。

萨拉和迈克尔正在取得进展,但在短时间内仍有很长的路要走。他们有一个月的时间来争取更多的客户,以避免贷款或重新寻找投资者。萨拉告诉迈克尔,她觉得他们有了上扬的势头,而且总有一天会成功的。迈克尔很有勇气,也很务实,如果他们需要外部资金来维持生计,他会考虑最佳的融资方案。

与此同时,他每天都决心创作自己的杰作。他自言自语,而不是听自己说,甚至开始再次慢跑。在他的公司，爱、服务和关心已不再是言语，而是成为公司运营的基本原则。迈克尔和萨拉注意到了，员工也注意到了，他们希望客户也能注意到。

接下来的一周，又有了更多的原有客户的推荐，但没有任何新的业务成交。迈克尔知道他们在销售和服务上付出了多少努力，他期望得到更多回报。他们雇用了更多的客户服务人员，甚至投资于软件的持续改进，但是没有新客户的增加来提供足够的收入以抵销额外的成本。迈克尔试图表现出勇气，但他很沮丧。一气之下，他狠狠地捶了捶桌子，把它打坏了。这一刻他觉得很受挫，虽然他在篮球训练和居家时情绪控制得很好，但他仍然为自己让愤怒占据了上风而感到不安。他知道木匠所说的是真的：他正在取得进步。那天晚些时候，当他们见面时，迈克尔希望J.能给他一些答案，以及一些时间来修理他的桌子。

迈克尔走进墨西哥煎饼店时，一个女人走了出来，向木匠挥手说："非常感谢你救了我的命。我会打电话告诉你修建小屋的事。"

"怎么了？"迈克尔坐在木匠桌旁问道。

"哦，没什么。她刚才被一块牛排噎住了，我用海姆立克急救法帮她把牛排吐了出来。"

"你是像超级英雄一样在城市里走来走去，寻找救人的机会吗？"迈克尔大笑着问道。"现在我知道你做这么多生意的真正秘密了。"

J. 笑了。"这种事经常发生在我身上。我总是出去走走。我喜欢跟人们聊天。只要你出现在人们面前，服务的机会就出现了。不知为什么，总有人需要拯救，而我似乎总能在正确的时间、正确的地点帮助别人。"

"就像我倒下时一样？"

"是的，就像和你一样，这经常会发展出一段友谊，然后我们最终一起建造一些伟大的东西。这种事经常发生，我现在不觉得有那么奇怪了。"

迈克尔笑着说："噢，这很奇怪，但我真的很高兴你出现在我身边。"他不知道为什么，但和木匠在一起让他感觉更好、更快乐。"说到在我身边，我需要先请你帮个忙，然后再请求你的指导。我的书桌今天坏了，我想知道你明天有没有时间修理它。"

"好吧，碰巧我今天完成了一项工作，我的下一个客户有急事,所以我这周正好有时间。但我不想只修你的桌子,我想给你建一个特别的J.伊曼纽尔桌子。我可以写下你需要什么样的木材,如果我到达时你准备好了这些木材,我可以马上开始。这样行吗?"他问道。

"那太好了。"迈克尔说,他环顾四周,意识到有一大群人在等着与木匠交谈,并雇用他。

J.也注意到了这些人,但他现在正全力帮助迈克尔,因为他需要一些指导。"你还需要什么帮助?"他问道。

迈克尔看了看队伍,发现它一分钟比一分钟长。"没关系,我可以等。有一大群人等着和你谈话,我们可以明天再谈。你需要搭车吗?我的办公室比我家远得多。"他一边说,一边把自己的办公地址写在一张卡片上。

"不,没事。前一半路我可以先乘公共汽车,剩下的路我可以走过去。谁知道呢,也许明天我会在路上救别人。"他大声笑着,拍拍迈克尔的背。

第二十九章

我们的使命

我爱你,我服务你,我关心你,因为＿＿

在木匠为迈克尔做新桌子时，他们谈到了迈克尔的公司遇到的最新挑战。迈克尔分享了他们所做的一切，把爱、服务、关心付诸行动，以及只获得了一个新客户这个令人沮丧的结果。

"我不这么看，"木匠说，"我觉得你应该感谢你有了一个新客户。你越是感激，你值得感激的事情就会越多。你和你的公司越欣赏每一个新客户，你就越能吸引新客户。对你和公司来说，这似乎是一个极好的成长机会。"

迈克尔点头，承认木匠是对的。他一直专注于公司所缺乏的东西，而不是它所拥有的东西。他一直在用悲观的眼光看问题，而不是看机会。

"你要记着我前几天跟你说的话，"J. 说，"成功需要时间。客户不会马上意识到你为爱、服务和关心所做的一切。外界不会立刻看到你在做什么。你不会一直得到认可。没关系，继续工作。保持爱、服务和关心，继续有所作为。久而久之，人们会注意到，消息会传播开来，真理也会闪耀出头。"

木匠捡起一块木头，那块木头会做成书桌的一条腿。"每个人都想要快速解决方案。他们想要方便、立竿见影的成功。他们不想弄得一团糟。但是爱我们注定要爱的每一个人，这并不是一件容易的事。当你自己的生活充满挑战，你希望有人为你服务时，为别人服务并不是件容易的事。有时候，当你不想关心的时候，就很难关心到别人。"

"真的很不容易。爱、服务、关心听起来很简单，但要真正做到这些需要付出很多，"迈克尔看着墙上的"成功之心"模式说，"有一个伟大的使命宣言很容易，但除非你在执行它，否则将毫无意义。"

"这是一个有力的事实，"木匠说，"这就是为什么你不能只谈使命——你必须成为使命。团队和企业中的每个人都必须体验它、呼吸它和分享它。"

"你需要更深入地挖掘，爱得更深，服务更多人，关心更多人。对你正在建设的东西的热爱必须大于你所面临的挑战。服务更多人!成为一个强大的服务者,不管是在小的方面、大的方面,还是各个方面。为每个人服务,就好像他们是这个星球上唯一的人一样。多关心。"木匠看得出来,迈克尔现在有点儿不知所措。迈克尔已经按木匠的要求做了,可现在他对迈克尔的要求更多了。但伟大的教练就是这么做的,他们会让你超越自己的极限,迈出自己的舒适区。让迈克尔做得更多是创造伟大事物的唯一途径。

"你知道是什么驱使我们去爱得更深,服务得更好,关心得更多吗?"J.问道。

"我一定要成为自己的使命?"迈克尔问。

"是的,"J.回答说,"但在此之前还有件事。关键是找到激励你成为使命的目的。事实上,你不会一直很乐观。总有几天你不想起床。你会有这样的时刻:你最不想做的就是去爱、去服务、去关心。正是在这些时候,你需要记住你的目的。当你知道为什么,你就会知道路,你就会找到一条路。你的目标会激励你去爱那些难以被爱的人,当你不想去服务的时候去服务,当你不觉得想关心别人的时候去关心。"

"那我该如何把这个付诸实践呢?"迈克尔问,"我该如何帮助我的团队更深地爱、更好地服务和关心呢?"

木匠又拿起一块木头来量。"你和你的团队完成这句话:'我爱你,我服务你,我关心你,因为___。'当你完成这句话,你将成为一个强大的成功建设者。如果你接下来照我说的做,你将成为这个地球上最伟大的成功建设者之一。"

第三十章
每次和一个人分享一切

木匠把桌子腿的木料量好，并在要切割的地方做了记号。然后他把手伸进包里，掏给迈克尔另一颗他为迈克尔公司做的木心，上面刻着"爱""服务"和"关心"三个词。然后他说："一旦你知道你为什么爱、服务和关心，每次你就可以和一个人分享这一切。你收集了你所有的爱，你所有的服务愿望，你所有的关心，你把它给每一个人，在每一个时刻、每一个互动。

"你看，当你想到必须与所有团队成员、所有客户和所有与你互动的人一起实施爱、服务、关心时，很容易感到不知所措。我们可以不去爱、服务和关心那些就在你面前的人，同时完成我们的工作。你得爱、服务、关心每个人，这件事的压力会让你觉得喘不过气来，导致你一个都没做到。你开始相信你不能改变,所以你就没有任何改变,但事实是你可以改变。

"就像两个朋友在沙滩上散步,遇到一群搁浅在岸边的海星。一个人开始捡起海星并把它们扔回海里。另一个人问:'你为什么这么做?海滩上搁浅的海星太多了,你不可能帮到所有的海星。'第一个人又拿起一只海星扔回海里,说:'但被我放回海里的海星的命运改变了。'

"本着这种精神,要成为一个强大的成功建设者,关键是要让某一个人、某一刻与众不同。你每天都这样做,与每个人、在每个时刻、每个互动中贯彻这个原则,随着时间的推移,你就影响了很多人。永远不要忘记,一个伟大的使命始于一小群人。如果你想影响数百万人,你必须从一个人开始。如果你想影响数十亿人,从12个人开始,一次一个人。"

迈克尔点点头,想到女儿的少年篮球队,意识到木匠所说的话的力量。他的团队里有12个女孩,他专注于一次和一个队员互动,然后看到了这个举动带来的强大影响力。他还在萨拉刚刚找到的新发廊里看到了这一点。迈克尔在那里等女儿理发时，遇到了店主弗兰克（Frank），问他为什么他的发廊生意这么好。弗兰克说他有一个简单的成功秘诀。当一个年轻女孩坐在他的椅子上，他就像对待他的女儿一样对待这个顾客。当一个和他同龄的女人坐在他的椅子上时，他就像对待他的妻子一样对待这个顾客。当一个年长的女人坐在他的椅子上时，他就像对待他的母亲一样对待这个顾客。弗兰克对待顾客就像对待家人一样，所以他的生意越做越大。

然而，迈克尔并没有这样对待他的团队，他们也没有这样对待客户服务工作。他们太专注于自己的问题，以致看不到这么小、简单又强大的解决方案。这不是爱、服务和关心每个人一次，而是关于在同一时间爱、服务和照顾每个人。迈克尔知道他需要马上做什么，但在他离开去见萨拉和他的团队之前，木匠给了他最后一条建议。"我要告诉你的似乎是违反直觉的，因为我们一直在谈论建立公司的战略，但一次爱一个人、服务一个人和关心一个人的关键是：不要专注于建立事业，而专注于用你的事业去爱、服务、关心和成就他人。如果你这么做，你的事业自然而然就会成倍增长。"

"这的确有点儿违反常理，但我明白。"迈克尔说。这对他来说很有意义。他作为教练的经验告诉他，如果你想赢得一场篮球比赛，就不应该把注意力放在胜利上，而应该专注于赢得胜利的过程。他最喜欢的教练语录是：不要专注于赢得冠军，专注于成为冠军。

作为一个家长，他也关注这个过程。他经常告诉他的孩子们不要担心成绩，只要每天做到最好，他们最终一定会做得很好。他和萨拉教给他们正确的习惯，并知道他们的习惯会带来巨大的成果。

然而在工作中，他并没有把这个过程作为重点，他清楚他的团队需要知道他们真正的重点应该是什么。他们的重点不是为了建立业务，而是爱、服务、关心和帮助他人。如果他们在每次互动中每时每刻都这样做，公司业绩自然会增长。这个道理太简单了，迈克尔因为忘记了这个简单的真相而恨不得踢自己一脚。也许现在为时已晚，因为这种方法需要时间才能转化为更多的业务，而在资金耗尽之前，他们需要奇迹般地获得更多的客户。他们别无选择。他等不及了,他得立即分享木匠的建议。

"一会儿见。我要去帮助别人了。"迈克尔感谢了 J. 的建议,走出家门去与他的团队会面。

第三十一章
进步
改善了客户服务

接下来的一周是公司有史以来最成功的一周。不是财务意义上的成功，因为他们仍然没有获得更多的客户，但迈克尔可以感觉到这种转变的发生，因为每个人都专注于爱、服务，关心彼此，关注每个客户和每个销售电话。萨拉和迈克尔决定不再用他们赚了多少钱来衡量成功，而是用那些受到他们的爱、服务和关心影响的人来衡量，当然还有他们的软件。有意思的是，他们出售的是连接数码世界和物质世界的技术，但他们最优先考虑的是建立人际关系。如果他们专注于这个过程，他们会喜欢这个过程产生的结果。

他们的新方法大大改善了客户服务。他们的客户服务得分达到了历史最高水平，尽管他们的员工对每一次互动都需要付出更多关心，却比以往任何时候都更有活力。萨拉告诉迈克尔，多关心别人不会让你更疲惫，它能激励你和其他人。她还说努力工作也不会让你累倒，一个不好的态度和你没有改变的信念才是让你疲倦的原因。迈克尔很庆幸娶了一个比自己聪明的女人。

他们一起倡导用"一次一个人，在一个时刻"的方式来对待公司里的每个人，还决定相互效仿。他们谈到了这样一个事实：如果在高层没有强有力的领导，这个组织就会在底层崩溃。他们知道家庭和事业的成功是从人与人的关系开始的。通过所有的困难和挑战，他们需要成为一个统一的、强大的团队。

她说："无论发生什么，我们都会渡过难关，我们会比以往任何时候都强大。"

"我知道。"迈克尔尽量乐观地说，尽量不去想太多的未来。他尽最大努力听从木匠的建议，专注于每一天、每一个人。他还有几周的时间来挽救自己的事业，他知道还得再争取几个客户。在过去，这种认知会使他崩溃，但自从木匠救了他，他变得更强大、更专注，并能做好准备接受他所面临的挑战。即使有时候不想说，迈克尔还是坚持朗读木匠教给他的短句。

当早上醒来感到消极时,他决定乐观一点儿,勇敢地面对每一天。当他白天感到气馁时,他就读那些充满积极能量的誓言,专注于自己的目标。他不想仅仅建立一家公司,他想改变世界。

当恐惧和自我怀疑笼罩着他,让他想放弃的时候,迈克尔决定继续前进,相信不管怎样,总有一天会成功的。他表现得好像结果就取决于他,他祈祷的样子就像结果取决于上天。他的家庭和前途曾经岌岌可危,但他会为它们付出一切。

第三十二章
万物皆有灵性

周末,当迈克尔走进办公室时,木匠正在对新桌子做最后的修饰。这张桌子很漂亮。他惊讶于木匠的手艺,想知道怎么能用木头创造出这样美的器物。他停顿了许久,用一种安静的声音问道:"你是怎么做到的?"

木匠笑了:"因为我知道我是谁。"

"你当然知道。你就是 J. 伊曼纽尔,一个伪装成木匠的工匠。"迈克尔笑着说。

"不止这些,"木匠说,"我知道我不是一个偶尔有着精神体验的人,而是一个有着人类身体的灵魂。当我有一个身体时,是我的灵魂和精神给了我力量。艺术家从灵魂深处创作。艺术家被精神所感动。我知道我是谁,我知道推动我创造的力量。"

然后他停了下来,用手在桌子光滑的表面擦了擦。

"你知道我们都可以用这种力量创造，但太多人忘记了自己的真实身份。两千年前，一个人的工作生活和精神生活没有分离。现在我们把它们分开，这就是为什么人们如此痛苦。工作是一种精神上的体验，而不是日常的琐事和磨难。一切工作都是神圣的。一切都是精神的。当你把你的精神带到工作中，你将成为成功的有力创造者。"

然后，木匠脸上带着灿烂的笑容，示意迈克尔坐到新办公桌前的椅子上。迈克尔坐下来的那一刻，他能感觉到书桌上有些不一样的东西，他知道木匠所说的一切都是真的。"哇。"他只能惊叹。

"是的，"J. 继续说，"当你意识到一切都与精神和灵魂有关，你不只是建造伟大的东西，你还在用伟大的力量建造。无论是团队、企业、学校还是软件，你的精神和灵魂都应该定义你所建立的一切。你的工作应该反映出你内心最美好的一面。你注定要从灵魂深处创造和建造。当你以这种方式构建时，它将是你所拥有的最强大、最令人惊奇的体验之一。

"人们会问你是怎么做到的，这很难解释，但你的工作和努力不需要解释。就像这张桌子一样,你的精神和灵魂将展示给全世界看,他们会知道你有不同之处,会知道你体内有更强大的力量。大多数人会认为你很特别,他们不可能像你一样创造。有些人会意识到这个礼物是给每个人的,他们也可以做到。他们会问你是怎么做到的。你会告诉他们,因为成功是要分享的,如果他们听从你的建议,你们就会一起创造伟大的东西,改变世界。"

木匠走到迈克尔跟前,以拥抱作别。"你已经准备好了,我的朋友,去建造更伟大的东西。我已经和你分享了我所知道的一切,我为你和你的未来感到兴奋。请几周后来看我,告诉我情况如何。我期待听到很棒的事情。"

"我会的。"迈克尔说,但那一刻,他并没有被木匠的乐观态度感染。当他想到为了拯救公司他还得做些什么时,他感到比以往任何时候都更加恐惧,精神上也不是那么充满力量。

第三十三章
创造不可能

迈克尔想建立的公司,是那种人们会向他讨教怎么成功的公司。每天坐在办公桌前,他都会想起木匠教给他的一切。他真的希望 J. 关于万物都是有灵性的说法是真的,尤其是他最近一直在祈求奇迹发生。只有两个星期了,他和萨拉需要奇迹发生,否则他们的事业和梦想就会破灭。

他认为很容易就能从投资者那里筹集到资金,但他遇到的每个人都犹豫不决,因为公司已经失去了最大的客户。它引发了太多的危险信号,投资他们的公司被视为风险很高。投资者们认为,当这家公司破产时,它的知识产权可以用极低的价格买到,那为什么现在要冒险呢?

迈克尔知道,一旦他们最大的客户的合同结束,又没有额外的资金支持,公司的资金将很快耗尽。即使他们在接下来的两周内获得了几个新客户，他们也不会马上看到收入。如果没有投资者的支持，他必须找到其他资金来维持运营，直到新客户的收入出现。换句话说，唯有获得新客户才可以成功。

他记得读到过关于联邦快递创始人弗雷德·史密斯（Fred Smith）的文章，在公司成立初期，他也面临着类似的情况。他甚至没有足够的钱来发工资，支付飞机燃料，维持公司的运转。传说他拿走了账户里所有的钱，去了拉斯维加斯，在21点赌桌上赢了足够的钱来维持联邦快递的运转，直到公司获得了额外的资金。迈克尔本来不打算去拉斯维加斯，但他正在去银行的路上，去赌他家人的未来，为他们的房子争取第二笔抵押贷款。如果他们失去了生意，他们也会失去家园。迈克尔知道这不是最聪明的做法，但这是他唯一能做的事情，以确保资金，并为公司的生存赢得一些时间——他在试图创造奇迹。

在从银行回来的路上，他决定，如果他们失去了一切，他们则重新开始。他同意木匠的观点，认为精神创造了物质，而思想和原则是建立持久成功的基础。有了正确的工具、原则和策略，即使公司失败了，他们也能东山再起。债主可以拿走他的生意和房子，但是没有人可以拿走他从木匠那里学到的东西。没有人能摧毁他的灵魂，没有人能阻止他改变世界。这并不容易，有一段时间，他和他的家人将失去现在享受的所有舒适。但为了实现自己的目标，追寻自己的梦想，他愿意忍受挣扎和痛苦。

他感到的恐惧变成了信念，他的信念变成了信任，相信不管发生什么，他们都会没事的。他相信自己的人生会有一个更大的计划，并放弃了对结果的重视。在本该是他一生中最恐惧的时候，他却变成了最平和、最有灵性的人。他全身心地投入公司的方方面面，比以往任何时候都努力工作，但没有感到压力和疲惫。

一周后，由于没有获得新客户，一切似乎都没有希望了。好几笔销售收入已经用尽，只有几个客户向他们介绍了新客户。在每个人看来，获得新客户的前景很渺茫，生意快要崩溃了。迈克尔平静地接受了命运，准备好失去一切，重新开始。

但当一切看起来都无望时,奇迹发生了。当物质让位于精神,不可能变成了可能。那些你无法解释的事情,会永远改变你的生活。就在那时,迈克尔和萨拉接到了当地商业杂志记者的电话。

她说她想写一个关于夫妻共同创业的故事。她想采访他们,因为她准备写一篇文章,报道这座城市里的10对有影响力的夫妇。迈克尔和萨拉没有多想。几天后,这篇文章发表了,从此他们办公室的电话一直响个不停。这篇报道本应只是对他们的简短介绍,但那个记者决定对他们和公司进行专题报道。作为报道的一部分,记者采访了几位客户,他们对这个公司赞不绝口,滔滔不绝地讲述他们突破性的软件和以客户为中心的方法。更神奇的是,记者并没有采访因为他们过去的错误而离开公司的客户。

那一周,他们收到了比前三个月加起来还多的销售机会和推荐介绍。木匠说的话应验了。成功需要时间,它不是一夜之间发生的。人们不会马上认出你来。但有了这篇文章,真相脱颖而出,他们的灵魂和精神展现在世人面前。在一切似乎都将失去的时候,他们得到的不是两个客户,而是五个客户。

几个月后,迈克尔和萨拉一起站在银行里拥抱着,喜极而泣。当他们准备用最后一分钱支付账单时,新客户的支票到了。时机再合适不过了。

第三十四章
构建核心商业模式

凭借他们的爱、服务、关心模式，萨拉、迈克尔和他们的公司能够成功地为五个新客户提供服务，雇用更多的员工，获得更多的推荐，并继续改进他们的软件。他们的软件受到了很多关注，但更为人所知的是他们的核心商业模式。每年他们都获得"最佳工作场所奖"，但他们从不认为这是理所当然的。相反，他们保持谦逊，寻找更深的爱、更多的服务和关心的方法。迈克尔告诉每个人，当你专注于一个人、一个时刻，并以此原则为基础建立你的公司时，你会自然而然地成长。迈克尔把木匠告诉他的一切都写了下来，编成了一本《成功建设者手册》，其中描述了公司的核心原则和战略。

就像木匠所预言的那样，他们的事业继续发展。5个新客户变成了20个新客户，又变成了100个新客户。他们的公司发展如此迅速,使他们不得不搬进一栋更大的办公楼,猜猜是谁为它做了所有的木工活儿?迈克尔终于承认木匠是世界上最好的推销员。

迈克尔了解到,当你帮助别人建立业务时,你的业务也会增长。当你帮助别人改善生活时,你的生活也会改善。当你帮助团队成员变得更好时,你也会变得更好。

迈克尔每天坐在他的 J. 伊曼纽尔办公桌前都在想这个问题。它提醒迈克尔要用自己的工作和生活去爱、服务和关心他人,并成就他人。他向自己保证,不管自己的生意有多大、有多成功,他都会记得像木匠花时间帮助他那样,一次影响一个人。

第三十五章

成功需要分享

几年后,迈克尔慢跑着去木匠最新的工作地点看他。他每天早上都会跑到 J. 在城里工作的地方。他们会花一点儿时间聊天,为接下来的一天做准备。木匠总是分享迈克尔需要听到的鼓舞人心的建议,之后迈克尔也会与其他人分享。

当迈克尔到达时,木匠说:"哇,你比昨天来得还早。"

"我从家出发的时间和昨天一样,但我越来越快了,"迈克尔说,"我的新座右铭是更老、更强、更快、更好。"

"这就是我所说的自言自语。"木匠笑着说。

"我向最好的人学习。"

"那我们这周要建什么?"木匠问。

"我在帮助一位校长建立校园文化。然后,我要和一家医院的领导团队会面，和他们分享你的模式。然后，我会见了一位朋友的朋友，他让我与他所在学院的所有教练分享爱、服务和关心。"

"忙碌的一周。"木匠赞许地说。迈克尔可能并不擅长手工艺，但他有一种天赋，可以培养人，帮助领导者建立团队，J.为他和他为帮助他人所做的一切感到骄傲。

"越来越忙了，"迈克尔说，"别忘了，我们开始为我们基金会挑选的人建造几座新房子，从星期六早上开始。"

"我会去的。你知道我从不错过一个创造和改变生活的机会。"木匠拍拍迈克尔的背说。木匠总是对迈克尔说："你会建造比我建造的更伟大的东西。"随着时间的推移，迈克尔开始相信他了。木匠还告诉他要继续梦想着他想建造的东西，想象未来的样子，然后采取行动创造它。他说太多的人停止了梦想，然后就停止了生活。他说："除非你帮助别人成功，否则你的成功就不是真正的成功。成功是要分享的。"

当迈克尔慢跑回家时,他想到了他想做的一切来帮助别人取得成功,以及他和木匠一起建造的一切。他们起初是一起建一个娱乐中心,然后他们造了一张桌子,然后是他的事业。现在他们建造的东西越来越多了。迈克尔和萨拉梦想为买不起房子的人盖房子,他们做到了。随着他们的事业、利润和在他们城市的影响力的增长,他们建造了越来越多的房子。后来他们梦想在非洲建一所学校,也得到了朋友和商业伙伴的支持。当他的孩子们问他们为什么要这么做时,迈克尔和萨拉告诉他们,你现在创造的成功是暂时的,但你留下的遗产是永恒的。他们相信人生的目标不是积累东西,而是奉献生命。做慈善最好的方法就是帮助别人创造出与众不同的东西。

迈克尔和萨拉为他们的基金会捐了一大笔钱,他们的基金会还出售木匠手工制作的木心,上面刻着"爱""服务"和"关心"的字样。他们的目标是把爱、服务、关心传播到每一个地方。

他们筹得的钱越多,他们捐的就越多。他们越是帮助别人成功,越是为别人建功立业,自己的事业也就越有发展。他们学会了慷慨的强大法则。你付出的越多,你得到的就越多。因此,他们每年都赚得更多,捐得更多。

迈克尔在街上加快了步伐,因为他想到了新的梦想和新的项目。当他接近一个大十字路口时,他看到一辆汽车突然转向,试图避开一个骑自行车的年轻人。时间还早,街上很安静,不幸的是司机避开得不够快。汽车卡住了自行车后轮,导致自行车和男子摔倒在人行道上。迈克尔冲向那个年轻人,打了911,用毛巾堵住了他头上的伤口,避免出血。这个看起来二十几岁的年轻人意识清醒,但很痛苦。他的胳膊和腿上有一大片擦伤和割伤。救护车到达时,急救人员告诉迈克尔,这名男子的伤势大部分在表面,可能有几根肋骨骨折,但没有生命危险。

"他很幸运。"迈克尔说,他想起几年前他崩溃的那一天,正是在那一天他的生活被永远改变了。他把名片递给救护车司机,让他给那个年轻人。那不是一张精美的卡片。迈克尔已经学到,最伟大的营销策略并不是告诉别人你有多伟大,最伟大的营销策略是为别人做一些伟大的事情。

年轻人和他的家人在医院里看到了这张卡片。这是一张印着黑色墨水的简单的白色卡片,上面写着"建设者"和迈克尔的电话号码。

读书笔记

读 书 笔 记